TURKS
WOORDENSCHAT

THEMATISCHE WOORDENLIJST

NEDERLANDS TURKS

De meest bruikbare woorden
Om uw woordenschat uit te breiden en
uw taalvaardigheid aan te scherpen

5000 woorden

Thematische woordenschat Nederlands-Turks - 5000 woorden
Door Andrey Taranov

Woordenlijsten van T&P Books zijn bedoeld om u woorden van een vreemde taal te helpen leren, onthouden, en bestudering. Dit woordenboek is ingedeeld in thema's en behandelt alle belangrijk terreinen van het dagelijkse leven, bedrijven, wetenschap, cultuur, etc.

Het proces van het leren van woorden met behulp van de op thema's gebaseerde aanpak van T&P Books biedt u de volgende voordelen:

- Correct gegroepeerde informatie is bepalend voor succes bij opeenvolgende stadia van het leren van woorden
- De beschikbaarheid van woorden die van dezelfde stam zijn maakt het mogelijk om woordgroepen te onthouden (in plaats van losse woorden)
- Kleine groepen van woorden faciliteren het proces van het aanmaken van associatieve verbindingen, die nodig zijn bij het consolideren van de woordenschat
- Het niveau van talenkennis kan worden ingeschat door het aantal geleerde woorden

Copyright © 2019 T&P Books Publishing

Alle rechten voorbehouden. Niets uit deze uitgave mag worden verveelvoudigd, opgeslagen in een geautomatiseerd gegevensbestand en/of openbaar gemaakt in enige vorm of op enige wijze, hetzij elektronisch, mechanisch, door fotokopieën, opnamen of op enige andere manier zonder voorafgaande schriftelijke toestemming van de uitgever. U mag dit boek niet verspreiden in welk formaat dan ook.

T&P Books Publishing
www.tpbooks.com

ISBN: 978-1-78492-358-7

Dit boek is ook beschikbaar in e-boek formaat.
Gelieve www.tpbooks.com te bezoeken of de belangrijkste online boekwinkels.

TURKSE WOORDENSCHAT
nieuwe woorden leren

T&P Books woordenlijsten zijn bedoeld om u te helpen vreemde woorden te leren, te onthouden, en te bestuderen. De woordenschat bevat meer dan 5000 veel gebruikte woorden die thematisch geordend zijn.

- De woordenlijst bevat de meest gebruikte woorden
- Aanbevolen als aanvulling bij welke taalcursus dan ook
- Voldoet aan de behoeften van de beginnende en gevorderde student in vreemde talen
- Geschikt voor dagelijks gebruik, bestudering en zelftestactiviteiten
- Maakt het mogelijk om uw woordenschat te evalueren

Bijzondere kenmerken van de woordenschat

- De woorden zijn gerangschikt naar hun betekenis, niet volgens alfabet
- De woorden worden weergegeven in drie kolommen om bestudering en zelftesten te vergemakkelijken
- Woorden in groepen worden verdeeld in kleine blokken om het leerproces te vergemakkelijken
- De woordenschat biedt een handige en eenvoudige beschrijving van elk buitonlands woord

De woordenschat bevat 155 onderwerpen zoals:

Basisconcepten, getallen, kleuren, maanden, seizoenen, meeteenheden, kleding en accessoires, eten & voeding, restaurant, familieleden, verwanten, karakter, gevoelens, emoties, ziekten, stad, dorp, bezienswaardigheden, winkelen, geld, huis, thuis, kantoor, werken op kantoor, import & export, marketing, werk zoeken, sport, onderwijs, computer, internet, gereedschap, natuur, landen, nationaliteiten en meer ...

INHOUDSOPGAVE

Uitspraakgids	9
Afkortingen	10

BASISBEGRIPPEN 11
Basisbegrippen Deel 1 11

1. Voornaamwoorden 11
2. Begroetingen. Begroetingen. Afscheid 11
3. Hoe aan te spreken 12
4. Kardinale getallen. Deel 1 12
5. Kardinale getallen. Deel 2 13
6. Ordinale getallen 14
7. Getallen. Breuken 14
8. Getallen. Eenvoudige berekeningen 14
9. Getallen. Diversen 14
10. De belangrijkste werkwoorden. Deel 1 15
11. De belangrijkste werkwoorden. Deel 2 16
12. De belangrijkste werkwoorden. Deel 3 17
13. De belangrijkste werkwoorden. Deel 4 18
14. Kleuren 19
15. Vragen 19
16. Voorzetsels 20
17. Functiewoorden. Bijwoorden. Deel 1 20
18. Functiewoorden. Bijwoorden. Deel 2 22

Basisbegrippen Deel 2 24

19. Dagen van de week 24
20. Uren. Dag en nacht 24
21. Maanden. Seizoenen 25
22. Meeteenheden 27
23. Containers 28

MENS 29
Mens. Het lichaam 29

24. Hoofd 29
25. Menselijk lichaam 30

Kleding en accessoires 31

26. Bovenkleding. Jassen 31
27. Heren & dames kleding 31

28. Kleding. Ondergoed 32
29. Hoofddeksels 32
30. Schoeisel 32
31. Persoonlijke accessoires 33
32. Kleding. Diversen 33
33. Persoonlijke verzorging. Schoonheidsmiddelen 34
34. Horloges. Klokken 35

Voedsel. Voeding 36

35. Voedsel 36
36. Drankjes 37
37. Groenten 38
38. Vruchten. Noten 39
39. Brood. Snoep 40
40. Bereide gerechten 40
41. Kruiden 41
42. Maaltijden 42
43. Tafelschikking 42
44. Restaurant 43

Familie, verwanten en vrienden 44

45. Persoonlijke informatie. Formulieren 44
46. Familieleden. Verwanten 44

Geneeskunde 46

47. Ziekten 46
48. Symptomen. Behandelingen. Deel 1 47
49. Symptomen. Behandelingen. Deel 2 48
50. Symptomen. Behandelingen. Deel 3 49
51. Artsen 50
52. Geneeskunde. Medicijnen. Accessoires 50

HET MENSELIJKE LEEFGEBIED 52
Stad 52

53. Stad. Het leven in de stad 52
54. Stedelijke instellingen 53
55. Borden 54
56. Stedelijk vervoer 55
57. Bezienswaardigheden 56
58. Winkelen 57
59. Geld 58
60. Post. Postkantoor 59

Woning. Huis. Thuis 60

61. Huis. Elektriciteit 60

5

62. Villa. Herenhuis	60
63. Appartement	60
64. Meubels. Interieur	61
65. Beddengoed	62
66. Keuken	62
67. Badkamer	63
68. Huishoudelijke apparaten	64

MENSELIJKE ACTIVITEITEN	**65**
Baan. Business. Deel 1	**65**
69. Kantoor. Op kantoor werken	65
70. Bedrijfsprocessen. Deel 1	66
71. Bedrijfsprocessen. Deel 2	67
72. Productie. Werken	68
73. Contract. Overeenstemming	69
74. Import & Export	70
75. Financiën	70
76. Marketing	71
77. Reclame	72
78. Bankieren	72
79. Telefoon. Telefoongesprek	73
80. Mobiele telefoon	74
81. Schrijfbehoeften	74
82. Soorten bedrijven	74

Baan. Business. Deel 2	**77**
83. Show. Tentoonstelling	77
84. Wetenschap. Onderzoek. Wetenschappers	78

Beroepen en ambachten	**79**
85. Zoeken naar werk. Ontslag	79
86. Zakenmensen	79
87. Dienstverlenende beroepen	80
88. Militaire beroepen en rangen	81
89. Ambtenaren. Priesters	82
90. Agrarische beroepen	82
91. Kunst beroepen	83
92. Verschillende beroepen	83
93. Beroepen. Sociale status	85

Onderwijs	**86**
94. School	86
95. Hogeschool. Universiteit	87
96. Wetenschappen. Disciplines	88
97. Schrift. Spelling	88
98. Vreemde talen	89

Rusten. Entertainment. Reizen	91
99. Trip. Reizen	91
100. Hotel	91
TECHNISCHE APPARATUUR. VERVOER	**93**
Technische apparatuur	**93**
101. Computer	93
102. Internet. E-mail	94
103. Elektriciteit	95
104. Gereedschappen	95
Vervoer	**98**
105. Vliegtuig	98
106. Trein	99
107. Schip	100
108. Vliegveld	101
Gebeurtenissen in het leven	**103**
109. Vakanties. Evenement	103
110. Begrafenissen. Begrafenis	104
111. Oorlog. Soldaten	104
112. Oorlog. Militaire acties. Deel 1	105
113. Oorlog. Militaire acties. Deel 2	107
114. Wapens	108
115. Oude mensen	110
116. Middeleeuwen	110
117. Leider. Baas. Autoriteiten	112
118. De wet overtreden. Criminelen. Deel 1	113
119. De wet overtreden. Criminelen. Deel 2	114
120. Politie. Wet. Deel 1	115
121. Politie. Wet. Deel 2	116
NATUUR	**118**
De Aarde. Deel 1	**118**
122. De kosmische ruimte	118
123. De Aarde	119
124. Windrichtingen	120
125. Zee. Oceaan	120
126. Namen van zeeën en oceanen	121
127. Bergen	122
128. Bergen namen	123
129. Rivieren	123
130. Namen van rivieren	124
131. Bos	124
132. Natuurlijke hulpbronnen	125

De Aarde. Deel 2 127

133. Weer 127
134. Zwaar weer. Natuurrampen 128

Fauna 129

135. Zoogdieren. Roofdieren 129
136. Wilde dieren 129
137. Huisdieren 130
138. Vogels 131
139. Vis. Zeedieren 133
140. Amfibieën. Reptielen 133
141. Insecten 134

Flora 135

142. Bomen 135
143. Heesters 135
144. Vruchten. Bessen 136
145. Bloemen. Planten 137
146. Granen, graankorrels 138

LANDEN. NATIONALITEITEN 139

147. West-Europa 139
148. Centraal- en Oost-Europa 139
149. Voormalige USSR landen 140
150. Azië 140
151. Noord-Amerika 141
152. Midden- en Zuid-Amerika 141
153. Afrika 142
154. Australië. Oceanië 142
155. Steden 142

UITSPRAAKGIDS

T&P fonetisch alfabet	Turks voorbeeld	Nederlands voorbeeld

Klinkers

[a]	akşam [akʃam]	acht
[e]	kemer [kemer]	excuseren, hebben
[i]	bitki [bitki]	bidden, tint
[ı]	fırıncı [fırındʒı]	iemand, die
[o]	foto [foto]	overeenkomst
[u]	kurşun [kurʃun]	hoed, doe
[ø]	römorkör [rømorkør]	neus, beu
[y]	cümle [dʒymle]	fuut, uur

Medeklinkers

[b]	baba [baba]	hebben
[d]	ahududu [ahududu]	Dank u, honderd
[dʒ]	acil [adʒil]	jeans, jungle
[f]	felsefe [felsefe]	feestdag, informeren
[g]	guguk [guguk]	goal, tango
[ʒ]	Japon [ʒapon]	journalist, rouge
[j]	kayak [kajak]	New York, januari
[h]	merhaba [merhaba]	het, herhalen
[k]	okumak [okumak]	kennen, kleur
[l]	sağlıklı [saalıklı]	delen, luchter
[m]	mermer [mermer]	morgen, etmaal
[n]	nadiren [nadiren]	nemen, zonder
[p]	papaz [papaz]	parallel, koper
[r]	rehber [rehber]	roepen, breken
[s]	saksağan [saksaan]	spreken, kosten
[ʃ]	şalgam [ʃalgam]	shampoo, machine
[t]	takvim [takvim]	tomaat, taart
[tʃ]	çelik [tʃelik]	Tsjechië, cello
[v]	Varşova [varʃova]	beloven, schrijven
[z]	kuzey [kuzej]	zeven, zesde

AFKORTINGEN
gebruikt in de woordenschat

Nederlandse afkortingen

abn	-	als bijvoeglijk naamwoord
bijv.	-	bijvoorbeeld
bn	-	bijvoeglijk naamwoord
bw	-	bijwoord
enk.	-	enkelvoud
enz.	-	enzovoort
form.	-	formele taal
inform.	-	informele taal
mann.	-	mannelijk
mil.	-	militair
mv.	-	meervoud
on.ww.	-	onovergankelijk werkwoord
ontelb.	-	ontelbaar
ov.	-	over
ov.ww.	-	overgankelijk werkwoord
telb.	-	telbaar
vn	-	voornaamwoord
vrouw.	-	vrouwelijk
vw	-	voegwoord
vz	-	voorzetsel
wisk.	-	wiskunde
ww	-	werkwoord

Nederlandse artikelen

de	-	gemeenschappelijk geslacht
de/het	-	gemeenschappelijk geslacht, onzijdig
het	-	onzijdig

BASISBEGRIPPEN

Basisbegrippen Deel 1

1. Voornaamwoorden

ik	ben	[ben]
jij, je	sen	[sen]
hij, zij, het	o	[o]
wij, we	biz	[biz]
jullie	siz	[siz]
zij, ze	onlar	[onlar]

2. Begroetingen. Begroetingen. Afscheid

Hallo! Dag!	Selam!	[selam]
Hallo!	Merhaba!	[merhaba]
Goedemorgen!	Günaydın!	[gynajdın]
Goedemiddag!	İyi günler!	[iji gynler]
Goedenavond!	İyi akşamlar!	[iji akʃamlar]
gedag zeggen (groeten)	selam vermek	[selam vermek]
Höi!	Selam!, Merhaba!	[selam], [merhaba]
groeten (het)	selam	[sɐlam]
verwelkomen (ww)	selamlamak	[selamlamak]
Hoe gaat het?	Nasılsın?	[nasılsın]
Is er nog nieuws?	Ne var ne yok?	[ne var ne jok]
Dag! Tot ziens!	Hoşca kalın!	[hoʃdʒa kalın]
Tot snel! Tot ziens!	Görüşürüz!	[gøryʃyryz]
Vaarwel! (inform.)	Güle güle!	[gyle gyle]
Vaarwel! (form.)	Elveda!	[elveda]
afscheid nemen (ww)	vedalaşmak	[vedalaʃmak]
Tot kijk!	Hoşça kal!	[hoʃtʃa kal]
Dank u!	Teşekkür ederim!	[teʃekkyr ederim]
Dank u wel!	Çok teşekkür ederim!	[tʃok teʃekkyr ederim]
Graag gedaan	Rica ederim	[ridʒa ederim]
Geen dank!	Bir şey değil	[bir ʃej deil]
Geen moeite.	Estağfurullah	[estaafurulla]
Excuseer me, ... (inform.)	Affedersin!	[afedersin]
Excuseer me, ... (form.)	Affedersiniz!	[afedersiniz]
excuseren (verontschuldigen)	affetmek	[afetmek]
zich verontschuldigen	özür dilemek	[øzyr dilemek]
Mijn excuses.	Özür dilerim	[øzyr dilerim]

Het spijt me!	Affedersiniz!	[afedersiniz]
vergeven (ww)	affetmek	[afetmek]
alsjeblieft	lütfen	[lytfen]

Vergeet het niet!	Unutmayın!	[unutmajın]
Natuurlijk!	Kesinlikle!	[kesinlikte]
Natuurlijk niet!	Tabi ki hayır!	[tabi ki hajır]
Akkoord!	Tamam!	[tamam]
Zo is het genoeg!	Yeter artık!	[jeter artık]

3. Hoe aan te spreken

meneer	Beyefendi	[bejefendi]
mevrouw	Hanımefendi	[hanımefendi]
juffrouw	Hanımefendi	[hanımefendi]
jongeman	Genç, delikanlı	[gentʃ], [delikanlı]
jongen	Oğlum	[oolum]
meisje	Kızım	[kızım]

4. Kardinale getallen. Deel 1

nul	sıfır	[sıfır]
een	bir	[bir]
twee	iki	[iki]
drie	üç	[ytʃ]
vier	dört	[dørt]

vijf	beş	[beʃ]
zes	altı	[altı]
zeven	yedi	[jedi]
acht	sekiz	[sekiz]
negen	dokuz	[dokuz]

tien	on	[on]
elf	on bir	[on bir]
twaalf	on iki	[on iki]
dertien	on üç	[on ytʃ]
veertien	on dört	[on dørt]

vijftien	on beş	[on beʃ]
zestien	on altı	[on altı]
zeventien	on yedi	[on jedi]
achttien	on sekiz	[on sekiz]
negentien	on dokuz	[on dokuz]

twintig	yirmi	[jirmi]
eenentwintig	yirmi bir	[jirmi bir]
tweeëntwintig	yirmi iki	[jirmi iki]
drieëntwintig	yirmi üç	[jirmi ytʃ]

| dertig | otuz | [otuz] |
| eenendertig | otuz bir | [otuz bir] |

T&P Books. Thematische woordenschat Nederlands-Turks - 5000 woorden

tweeëndertig	otuz iki	[otuz iki]
drieëndertig	otuz üç	[otuz ytʃ]
veertig	kırk	[kırk]
eenenveertig	kırk bir	[kırk bir]
tweeënveertig	kırk iki	[kırk iki]
drieënveertig	kırk üç	[kırk ytʃ]
vijftig	elli	[elli]
eenenvijftig	elli bir	[elli bir]
tweeënvijftig	elli iki	[elli iki]
drieënvijftig	elli üç	[elli ytʃ]
zestig	altmış	[altmıʃ]
eenenzestig	altmış bir	[altmıʃ bir]
tweeënzestig	altmış iki	[altmıʃ iki]
drieënzestig	altmış üç	[altmıʃ ytʃ]
zeventig	yetmiş	[jetmiʃ]
eenenzeventig	yetmiş bir	[jetmiʃ bir]
tweeënzeventig	yetmiş iki	[jetmiʃ iki]
drieënzeventig	yetmiş üç	[jetmiʃ ytʃ]
tachtig	seksen	[seksen]
eenentachtig	seksen bir	[seksen bir]
tweeëntachtig	seksen iki	[seksen iki]
drieëntachtig	seksen üç	[seksen ytʃ]
negentig	doksan	[doksan]
eenennegentig	doksan bir	[doksan bir]
tweeënnegentig	doksan iki	[doksan iki]
drieënnegentig	doksan üç	[doksan ytʃ]

5. Kardinale getallen. Deel 2

honderd	yüz	[juz]
tweehonderd	iki yüz	[iki juz]
driehonderd	üç yüz	[ytʃ juz]
vierhonderd	dört yüz	[dørt juz]
vijfhonderd	beş yüz	[beʃ juz]
zeshonderd	altı yüz	[altı juz]
zevenhonderd	yedi yüz	[jedi juz]
achthonderd	sekiz yüz	[sekiz juz]
negenhonderd	dokuz yüz	[dokuz juz]
duizend	bin	[bin]
tweeduizend	iki bin	[iki bin]
drieduizend	üç bin	[ytʃ bin]
tienduizend	on bin	[on bin]
honderdduizend	yüz bin	[juz bin]
miljoen (het)	milyon	[miljon]
miljard (het)	milyar	[miljar]

6. Ordinale getallen

eerste (bn)	birinci	[birindʒi]
tweede (bn)	ikinci	[ikindʒi]
derde (bn)	üçüncü	[ytʃyndʒy]
vierde (bn)	dördüncü	[dørdyndʒy]
vijfde (bn)	beşinci	[beʃindʒi]
zesde (bn)	altıncı	[altındʒı]
zevende (bn)	yedinci	[jedindʒi]
achtste (bn)	sekizinci	[sekizindʒi]
negende (bn)	dokuzuncu	[dokuzundʒu]
tiende (bn)	onuncu	[onundʒu]

7. Getallen. Breuken

breukgetal (het)	kesir	[kesir]
half	yarım	[jarım]
een derde	üçte bir	[ytʃte bir]
kwart	dörtte bir	[dørtte bir]
een achtste	sekizde bir	[sekizde bir]
een tiende	onda bir	[onda bir]
twee derde	üçte iki	[ytʃte iki]
driekwart	dörtte üç	[dørtte ytʃ]

8. Getallen. Eenvoudige berekeningen

aftrekking (de)	çıkarma	[tʃıkarma]
aftrekken (ww)	çıkarmak	[tʃıkarmak]
deling (de)	bölme	[bølme]
delen (ww)	bölmek	[bølmek]
optelling (de)	toplama	[toplama]
erbij optellen (bij elkaar voegen)	toplamak	[toplamak]
optellen (ww)	katmak	[katmak]
vermenigvuldiging (de)	çarpma	[tʃarpma]
vermenigvuldigen (ww)	çarpmak	[tʃarpmak]

9. Getallen. Diversen

cijfer (het)	rakam	[rakam]
nummer (het)	sayı	[sajı]
telwoord (het)	sayı, rakam	[sajı], [rakam]
minteken (het)	eksi	[eksi]
plusteken (het)	artı	[artı]
formule (de)	formül	[formyl]
berekening (de)	hesaplama	[hesaplama]

tellen (ww)	saymak	[sajmak]
bijrekenen (ww)	hesaplamak	[hesaplamak]
vergelijken (ww)	karşılaştırmak	[karʃılaʃtırmak]

Hoeveel? (ontelb.)	Kaç?	[katʃ]
Hoeveel? (telb.)	Ne kadar?	[ne kadar]

som (de), totaal (het)	toplam	[toplam]
uitkomst (de)	sonuç	[sonutʃ]
rest (de)	kalan	[kalan]

enkele (bijv. ~ minuten)	birkaç	[birkatʃ]
weinig (bw)	biraz	[biraz]
restant (het)	geri kalan	[geri kalan]
anderhalf	bir buçuk	[bir butʃuk]
dozijn (het)	düzine	[dyzine]

middendoor (bw)	yarı yarıya	[jarı jarıja]
even (bw)	eşit olarak	[eʃit olarak]
helft (de)	yarım	[jarım]
keer (de)	kere	[kere]

10. De belangrijkste werkwoorden. Deel 1

aanbevelen (ww)	tavsiye etmek	[tavsije etmek]
aandringen (ww)	ısrar etmek	[ısrar etmek]
aankomen (per auto, enz.)	gelmek	[gelmek]
aanraken (ww)	ellemek	[ellemek]
adviseren (ww)	tavsiye etmek	[tavsije etmek]

afdalen (on.ww.)	aşağı inmek	[aʃaı inmek]
afslaan (naar rechts ~)	dönmek	[dønmek]
antwoorden (ww)	cevap vermek	[dʒevap vermek]
bang zijn (ww)	korkmak	[korkmak]
bedreigen (bijv. met een pistool)	tehdit etmek	[tehdit etmek]

bedriegen (ww)	aldatmak	[aldatmak]
beëindigen (ww)	bitirmek	[bitirmek]
beginnen (ww)	başlamak	[baʃlamak]
begrijpen (ww)	anlamak	[anlamak]
beheren (managen)	yönetmek	[jønetmek]

beledigen (met scheldwoorden)	hakaret etmek	[hakaret etmek]
beloven (ww)	vaat etmek	[vaat etmek]
bereiden (koken)	pişirmek	[piʃirmek]
bespreken (spreken over)	görüşmek	[gøryʃmek]

bestellen (eten ~)	sipariş etmek	[sipariʃ etmek]
bestraffen (een stout kind ~)	cezalandırmak	[dʒezalandırmak]
betalen (ww)	ödemek	[ødemek]
betekenen (beduiden)	anlamına gelmek	[anlamına gelmek]
betreuren (ww)	üzülmek	[yzylmek]

bevallen (prettig vinden)	hoşlanmak	[hoʃlanmak]
bevelen (mil.)	emretmek	[emretmek]
bevrijden (stad, enz.)	serbest bırakmak	[serbest bırakmak]
bewaren (ww)	saklamak	[saklamak]
bezitten (ww)	sahip olmak	[sahip olmak]
bidden (praten met God)	dua etmek	[dua etmek]
binnengaan (een kamer ~)	girmek	[girmek]
breken (ww)	kırmak	[kırmak]
controleren (ww)	kontrol etmek	[kontrol etmek]
creëren (ww)	oluşturmak	[oluʃturmak]
deelnemen (ww)	katılmak	[katılmak]
denken (ww)	düşünmek	[dyʃynmek]
doden (ww)	öldürmek	[øldyrmek]
doen (ww)	yapmak, etmek	[japmak], [etmek]
dorst hebben (ww)	içmek istemek	[itʃmek istemek]

11. De belangrijkste werkwoorden. Deel 2

een hint geven	ipucu vermek	[ipudʒu vermek]
eisen (met klem vragen)	talep etmek	[talep etmek]
excuseren (vergeven)	affetmek	[afetmek]
existeren (bestaan)	var olmak	[var olmak]
gaan (te voet)	yürümek, gitmek	[jurymek], [gitmek]
gaan zitten (ww)	oturmak	[oturmak]
gaan zwemmen	suya girmek	[suja girmek]
geven (ww)	vermek	[vermek]
glimlachen (ww)	gülümsemek	[gylymsemek]
goed raden (ww)	doğru tahmin etmek	[dooru tahmin etmek]
grappen maken (ww)	şaka yapmak	[ʃaka japmak]
graven (ww)	kazmak	[kazmak]
hebben (ww)	sahip olmak	[sahip olmak]
helpen (ww)	yardım etmek	[jardım etmek]
herhalen (opnieuw zeggen)	tekrar etmek	[tekrar etmek]
honger hebben (ww)	yemek istemek	[jemek istemek]
hopen (ww)	ummak	[ummak]
horen	duymak	[dujmak]
(waarnemen met het oor)		
huilen (wenen)	ağlamak	[aalamak]
huren (huis, kamer)	kiralamak	[kiralamak]
informeren (informatie geven)	bilgi vermek	[bilgi vermek]
instemmen (akkoord gaan)	razı olmak	[razı olmak]
jagen (ww)	avlamak	[avlamak]
kennen (kennis hebben van iemand)	tanımak	[tanımak]
kiezen (ww)	seçmek	[setʃmek]
klagen (ww)	şikayet etmek	[ʃikajet etmek]
kosten (ww)	değerinde olmak	[deerinde olmak]

T&P Books. Thematische woordenschat Nederlands-Turks - 5000 woorden

kunnen (ww)	yapabilmek	[japabilmek]
laten vallen (ww)	gülmek	[gylmek]
lachen (ww)	düşürmek	[dyʃyrmek]
lezen (ww)	okumak	[okumak]

liefhebben (ww)	sevmek	[sevmek]
lunchen (ww)	öğle yemeği yemek	[ø:le jemei jemek]
nemen (ww)	almak	[almak]
nodig zijn (ww)	gerekmek	[gerekmek]

12. De belangrijkste werkwoorden. Deel 3

onderschatten (ww)	değerini bilmemek	[deerini bilmemek]
ondertekenen (ww)	imzalamak	[imzalamak]
ontbijten (ww)	kahvaltı yapmak	[kahvaltı japmak]
openen (ww)	açmak	[atʃmak]
ophouden (ww)	durdurmak	[durdurmak]
opmerken (zien)	farketmek	[farketmek]

opscheppen (ww)	övünmek	[øvynmek]
opschrijven (ww)	not almak	[not almak]
plannen (ww)	planlamak	[planlamak]
prefereren (verkiezen)	tercih etmek	[terdʒih etmek]
proberen (trachten)	denemek	[denemek]
redden (ww)	kurtarmak	[kurtarmak]

rekenen op ...	... güvenmek	[gyvenmek]
rennen (ww)	koşmak	[koʃmak]
reserveren (een hotelkamer ~)	rezerve etmek	[rezerve etmek]
roepen (om hulp)	çağırmak	[tʃaırmak]
schieten (ww)	ateş etmek	[ateʃ etmek]
schreeuwen (ww)	bağırmak	[baırmak]

schrijven (ww)	yazmak	[jazmak]
souperen (ww)	akşam yemeği yemek	[akʃam jemei jemek]
spelen (kinderen)	oynamak	[ojnamak]
spreken (ww)	konuşmak	[konuʃmak]
stelen (ww)	çalmak	[tʃalmak]
stoppen (pauzeren)	durmak	[durmak]

studeren (Nederlands ~)	öğrenmek	[ø:renmek]
sturen (zenden)	göndermek	[gøndermek]
tellen (optellen)	saymak	[sajmak]
toebehoren aan ...	... ait olmak	[ait olmak]

| toestaan (ww) | izin vermek | [izin vermek] |
| tonen (ww) | göstermek | [gøstermek] |

twijfelen (onzeker zijn)	tereddüt etmek	[tereddyt etmek]
uitgaan (ww)	çıkmak	[tʃıkmak]
uitnodigen (ww)	davet etmek	[davet etmek]
uitspreken (ww)	telâffuz etmek	[telafuz etmek]
uitvaren tegen (ww)	sövmek	[søvmek]

13. De belangrijkste werkwoorden. Deel 4

vallen (ww)	düşmek	[dyʃmek]
vangen (ww)	tutmak	[tutmak]
veranderen (anders maken)	değiştirmek	[deiʃtirmek]
verbaasd zijn (ww)	şaşırmak	[ʃaʃırmak]
verbergen (ww)	saklamak	[saklamak]
verdedigen (je land ~)	savunmak	[savunmak]
verenigen (ww)	birleştirmek	[birleʃtirmek]
vergelijken (ww)	karşılaştırmak	[karʃılaʃtırmak]
vergeten (ww)	unutmak	[unutmak]
vergeven (ww)	affetmek	[afetmek]
verklaren (uitleggen)	izah etmek	[izah etmek]
verkopen (per stuk ~)	satmak	[satmak]
vermelden (praten over)	anmak	[anmak]
versieren (decoreren)	süslemek	[syslemek]
vertalen (ww)	çevirmek	[tʃevirmek]
vertrouwen (ww)	güvenmek	[gyvenmek]
vervolgen (ww)	devam etmek	[devam etmek]
verwarren (met elkaar ~)	ayırt edememek	[ajırt edememek]
verzoeken (ww)	rica etmek	[ridʒa etmek]
verzuimen (school, enz.)	gelmemek	[gelmemek]
vinden (ww)	bulmak	[bulmak]
vliegen (ww)	uçmak	[utʃmak]
volgen (ww)	... takip etmek	[takip etmek]
voorstellen (ww)	önermek	[ønermek]
voorzien (verwachten)	önceden görmek	[øndʒeden gørmek]
vragen (ww)	sormak	[sormak]
waarnemen (ww)	gözlemlemek	[gøzlemlemek]
waarschuwen (ww)	uyarmak	[ujarmak]
wachten (ww)	beklemek	[beklemek]
weerspreken (ww)	itiraz etmek	[itiraz etmek]
weigeren (ww)	reddetmek	[reddetmek]
werken (ww)	çalışmak	[tʃalıʃmak]
weten (ww)	bilmek	[bilmek]
willen (verlangen)	istemek	[istemek]
zeggen (ww)	söylemek	[søjlemek]
zich haasten (ww)	acele etmek	[adʒele etmek]
zich interesseren voor ...	ilgilenmek	[ilgilenmek]
zich vergissen (ww)	hata yapmak	[hata japmak]
zich verontschuldigen	özür dilemek	[øzyr dilemek]
zien (ww)	görmek	[gørmek]
zoeken (ww)	aramak	[aramak]
zwemmen (ww)	yüzmek	[juzmek]
zwijgen (ww)	susmak	[susmak]

14. Kleuren

kleur (de)	renk	[renk]
tint (de)	renk tonu	[renk tonu]
kleurnuance (de)	renk tonu	[renk tonu]
regenboog (de)	gökkuşağı	[gøkkuʃaı]
wit (bn)	beyaz	[bejaz]
zwart (bn)	siyah	[sijah]
grijs (bn)	gri	[gri]
groen (bn)	yeşil	[jeʃil]
geel (bn)	sarı	[sarı]
rood (bn)	kırmızı	[kırmızı]
blauw (bn)	mavi	[mavi]
lichtblauw (bn)	açık mavi	[atʃık mavi]
roze (bn)	pembe	[pembe]
oranje (bn)	turuncu	[turundʒu]
violet (bn)	mor	[mor]
bruin (bn)	kahve rengi	[kahve rengi]
goud (bn)	altın	[altın]
zilverkleurig (bn)	gümüşü	[gymyʃy]
beige (bn)	bej rengi	[beʒ rengi]
roomkleurig (bn)	krem rengi	[krem rengi]
turkoois (bn)	turkuaz	[turkuaz]
kersrood (bn)	vişne rengi	[viʃne rengi]
lila (bn)	leylak rengi	[lejlak rengi]
karmijnrood (bn)	koyu kırmızı	[koju kırmızı]
licht (bn)	açık	[atʃık]
donker (bn)	koyu	[koju]
fel (bn)	parlak	[parlak]
kleur-, kleurig (bn)	renkli	[renkli]
kleuren- (abn)	renkli	[renkli]
zwart-wit (bn)	siyah-beyaz	[sijah bejaz]
eenkleurig (bn)	tek renkli	[tek renkli]
veelkleurig (bn)	rengârenk	[rengjarenk]

15. Vragen

Wie?	Kim?	[kim]
Wat?	Ne?	[ne]
Waar?	Nerede?	[nerede]
Waarheen?	Nereye?	[nereje]
Waarvandaan?	Nereden?	[nereden]
Wanneer?	Ne zaman?	[ne zaman]
Waarom?	Neden?	[neden]
Waarom?	Neden?	[neden]
Waarvoor dan ook?	Ne için?	[ne itʃin]

Hoe?	Nasıl?	[nasıl]
Wat voor ...?	Hangi?	[hangi]
Welk?	Kaçıncı?	[katʃındʒı]

Aan wie?	Kime?	[kime]
Over wie?	Kim hakkında?	[kim hakında]
Waarover?	Ne hakkında?	[ne hakkında]
Met wie?	Kimle?	[kimle]

| Hoeveel? (ontelb.) | Kaç? | [katʃ] |
| Van wie? (mann.) | Kimin? | [kimin] |

16. Voorzetsels

met (bijv. ~ beleg)	... -ile, ... -le, ... -la	[ile], [le], [la]
zonder (~ accent)	... -sız, ... -suz	[sız], [suz]
naar (in de richting van)	... -e, ... -a	[e], [a]
over (praten ~)	hakkında	[hakkında]
voor (in tijd)	önce	[øndʒe]
voor (aan de voorkant)	önünde	[ønynde]

onder (lager dan)	altında	[altında]
boven (hoger dan)	üstünde	[ystynde]
op (bovenop)	üstüne	[ystyne]
van (uit, afkomstig van)	... -den, ... -dan	[den], [dan]
van (gemaakt van)	... -den, ... -dan	[den], [dan]

| over (bijv. ~ een uur) | sonra | [sonra] |
| over (over de bovenkant) | üstünden | [ystynden] |

17. Functiewoorden. Bijwoorden. Deel 1

Waar?	Nerede?	[nerede]
hier (bw)	burada	[burada]
daar (bw)	orada	[orada]

| ergens (bw) | bir yerde | [bir jerde] |
| nergens (bw) | hiç bir yerde | [hitʃ birj jerde] |

| bij ... (in de buurt) | ... yanında | [janında] |
| bij het raam | pencerenin yanında | [pendʒerenin janında] |

Waarheen?	Nereye?	[nereje]
hierheen (bw)	buraya	[buraja]
daarheen (bw)	oraya	[oraja]
hiervandaan (bw)	buradan	[buradan]
daarvandaan (bw)	oradan	[oradan]

dichtbij (bw)	yakında	[jakında]
ver (bw)	uzağa	[uzaa]
in de buurt (van ...)	yakında	[jakında]
dichtbij (bw)	yakınında	[jakınında]

niet ver (bw)	civarında	[dʒivarında]
linker (bn)	sol	[sol]
links (bw)	solda	[solda]
linksaf, naar links (bw)	sola	[sola]
rechter (bn)	sağ	[saa]
rechts (bw)	sağda	[saada]
rechtsaf, naar rechts (bw)	sağa	[saa]
vooraan (bw)	önde	[ønde]
voorste (bn)	ön	[øn]
vooruit (bw)	ileri	[ileri]
achter (bw)	arkada	[arkada]
van achteren (bw)	arkadan	[arkadan]
achteruit (naar achteren)	geriye	[gerije]
midden (het)	orta	[orta]
in het midden (bw)	ortasında	[ortasında]
opzij (bw)	kenarda	[kenarda]
overal (bw)	her yerde	[her jerde]
omheen (bw)	çevrede	[tʃevrede]
binnenuit (bw)	içeriden	[itʃeriden]
naar ergens (bw)	bir yere	[bir jere]
rechtdoor (bw)	dosdoğru	[dosdooru]
terug (bijv. ~ komen)	geri	[geri]
ergens vandaan (bw)	bir yerden	[bir jerden]
ergens vandaan (en dit geld moet ~ komen)	bir yerden	[bir jerden]
ten eerste (bw)	ilk olarak	[ilk olarak]
ten tweede (bw)	ikinci olarak	[ikindʒi olarak]
ten derde (bw)	üçüncü olarak	[ytʃundʒy olarak]
plotseling (bw)	birdenbire	[birdenbire]
in het begin (bw)	başlangıçta	[baʃlangıtʃta]
voor de eerste keer (bw)	ilk kez	[ilk kez]
lang voor ... (bw)	çok daha önce ...	[tʃok daa øndʒe]
opnieuw (bw)	yeniden	[jeniden]
voor eeuwig (bw)	sonsuza kadar	[sonsuza kadar]
nooit (bw)	hiçbir zaman	[hitʃbir zaman]
weer (bw)	tekrar	[tekrar]
nu (bw)	şimdi	[ʃimdi]
vaak (bw)	sık	[sık]
toen (bw)	o zaman	[o zaman]
urgent (bw)	acele	[adʒele]
meestal (bw)	genellikle	[genellikle]
trouwens, ... (tussen haakjes)	aklıma gelmişken, ...	[aklıma gelmiʃken]
mogelijk (bw)	mümkündür	[mymkyndyr]
waarschijnlijk (bw)	muhtemelen	[muhtemelen]

misschien (bw)	olabilir	[olabilir]
trouwens (bw)	ayrıca	[ajrıdʒa]
daarom ...	onun için	[onun itʃin]
in weerwil van ...	rağmen ...	[raamen]
dankzij ...	... sayesinde	[sajesinde]

wat (vn)	ne	[ne]
dat (vw)	... -ki, ... -dığı, ... -diği	[ki], [dɪːɪ], [diːi]
iets (vn)	bir şey	[bir ʃej]
iets	bir şey	[bir ʃej]
niets (vn)	hiçbir şey	[hitʃbir ʃej]

wie (~ is daar?)	kim	[kim]
iemand (een onbekende)	birisi	[birisɪ]
iemand (een bepaald persoon)	birisi	[birisɪ]

niemand (vn)	hiç kimse	[hitʃ kimse]
nergens (bw)	hiçbir yere	[hitʃbir jere]
niemands (bn)	kimsesiz	[kimsesiz]
iemands (bn)	birinin	[birinin]

zo (Ik ben ~ blij)	öylesine	[øjlesine]
ook (evenals)	dahi, ayrıca	[dahi], [ajrıdʒa]
alsook (eveneens)	da	[da]

18. Functiewoorden. Bijwoorden. Deel 2

Waarom?	Neden?	[neden]
om een bepaalde reden	nedense	[nedense]
omdat ...	çünkü	[tʃynky]
voor een bepaald doel	her nedense	[her nedense]

en (vw)	ve	[ve]
of (vw)	veya	[veja]
maar (vw)	fakat	[fakat]
voor (vz)	için	[itʃin]

te (~ veel mensen)	fazla	[fazla]
alleen (bw)	ancak	[andʒak]
precies (bw)	tam	[tam]
ongeveer (~ 10 kg)	yaklaşık	[jaklaʃık]

omstreeks (bw)	yaklaşık olarak	[jaklaʃık olarak]
bij benadering (bn)	yaklaşık	[jaklaʃık]
bijna (bw)	hemen	[hemen]
rest (de)	geri kalan	[geri kalan]

elk (bn)	her biri	[her biri]
om het even welk	herhangi biri	[herhangi biri]
veel (grote hoeveelheid)	çok	[tʃok]
veel mensen	birçokları	[birtʃokları]
iedereen (alle personen)	hepsi, herkes	[hepsi], [herkez]
in ruil voor ...	... karşılık olarak	[karʃılık olarak]

in ruil (bw)	yerine	[jerine]
met de hand (bw)	elle, el ile	[elle], [el ile]
onwaarschijnlijk (bw)	şüpheli	[ʃypheli]
waarschijnlijk (bw)	galiba	[galiba]
met opzet (bw)	mahsus	[mahsus]
toevallig (bw)	tesadüfen	[tesadyfen]
zeer (bw)	pek	[pek]
bijvoorbeeld (bw)	mesela	[mesela]
tussen (~ twee steden)	arasında	[arasında]
tussen (te midden van)	ortasında	[ortasında]
zoveel (bw)	kadar	[kadar]
vooral (bw)	özellikle	[øzelikle]

Basisbegrippen Deel 2

19. Dagen van de week

maandag (de)	Pazartesi	[pazartesi]
dinsdag (de)	Salı	[salı]
woensdag (de)	Çarşamba	[tʃarʃamba]
donderdag (de)	Perşembe	[perʃembe]
vrijdag (de)	Cuma	[dʒuma]
zaterdag (de)	Cumartesi	[dʒumartesi]
zondag (de)	Pazar	[pazar]

vandaag (bw)	bugün	[bugyn]
morgen (bw)	yarın	[jarın]
overmorgen (bw)	öbür gün	[øbyr gyn]
gisteren (bw)	dün	[dyn]
eergisteren (bw)	evvelki gün	[evvelki gyn]

dag (de)	gün	[gyn]
werkdag (de)	iş günü	[iʃ gyny]
feestdag (de)	bayram günü	[bajram gyny]
verlofdag (de)	tatil günü	[tatil gyny]
weekend (het)	hafta sonu	[hafta sonu]

de hele dag (bw)	bütün gün	[bytyn gyn]
de volgende dag (bw)	ertesi gün	[ertesi gyn]
twee dagen geleden	iki gün önce	[iki gyn øndʒe]
aan de vooravond (bw)	bir gün önce	[bir gyn øndʒe]
dag-, dagelijks (bn)	günlük	[gynlyk]
elke dag (bw)	her gün	[her gyn]

week (de)	hafta	[hafta]
vorige week (bw)	geçen hafta	[getʃen hafta]
volgende week (bw)	gelecek hafta	[geldʒek hafta]
wekelijks (bn)	haftalık	[haftalık]
elke week (bw)	her hafta	[her hafta]
twee keer per week	haftada iki kez	[haftada iki kez]
elke dinsdag	her Salı	[her salı]

20. Uren. Dag en nacht

morgen (de)	sabah	[sabah]
's morgens (bw)	sabahleyin	[sabahlejin]
middag (de)	öğle, gün ortası	[øːle], [gyn ortası]
's middags (bw)	öğleden sonra	[øːleden sonra]

avond (de)	akşam	[akʃam]
's avonds (bw)	akşamleyin	[akʃamlejin]

T&P Books. Thematische woordenschat Nederlands-Turks - 5000 woorden

nacht (de)	gece	[gedʒe]
's nachts (bw)	geceleyin	[gedʒelejin]
middernacht (de)	gece yarısı	[gedʒe jarısı]
seconde (de)	saniye	[sanije]
minuut (de)	dakika	[dakika]
uur (het)	saat	[saat]
halfuur (het)	yarım saat	[jarım saat]
kwartier (het)	çeyrek saat	[tʃejrek saat]
vijftien minuten	on beş dakika	[on beʃ dakika]
etmaal (het)	yirmi dört saat	[jirmi dørt saat]
zonsopgang (de)	güneşin doğuşu	[gyneʃin douʃu]
dageraad (de)	şafak	[ʃafak]
vroege morgen (de)	sabah erken	[sabah erken]
zonsondergang (de)	güneş batışı	[gyneʃ batıʃı]
's morgens vroeg (bw)	sabahın köründe	[sabahın kørynde]
vanmorgen (bw)	bu sabah	[bu sabah]
morgenochtend (bw)	yarın sabah	[jarın sabah]
vanmiddag (bw)	bu ikindi	[bu ikindi]
's middags (bw)	öğleden sonra	[ø:leden sonra]
morgenmiddag (bw)	yarın öğleden sonra	[jarın ø:leden sonra]
vanavond (bw)	bu akşam	[bu akʃam]
morgenavond (bw)	yarın akşam	[jarın akʃam]
klokslag drie uur	tam saat üçte	[tam saat ytʃte]
ongeveer vier uur	saat dört civarında	[saat dørt dʒivarında]
tegen twaalf uur	saat on ikiye doğru	[saat on ikije dooru]
over twintig minuten	yirmi dakika içinde	[jirmi dakika itʃinde]
over een uur	bir saat sonra	[bir saat sonra]
op tijd (bw)	zamanında	[zamanında]
kwart voor ...	çeyrek kala	[tʃejrek kala]
binnen een uur	bir saat içinde	[bir saat itʃinde]
elk kwartier	her on beş dakika	[her on beʃ dakika]
de klok rond	gece gündüz	[gedʒe gyndyz]

21. Maanden. Seizoenen

januari (de)	ocak	[odʒak]
februari (de)	şubat	[ʃubat]
maart (de)	mart	[mart]
april (de)	nisan	[nisan]
mei (de)	mayıs	[majıs]
juni (de)	haziran	[haziran]
juli (de)	temmuz	[temmuz]
augustus (de)	ağustos	[austos]
september (de)	eylül	[ejlyl]
oktober (de)	ekim	[ekim]

november (de)	kasım	[kasım]
december (de)	aralık	[aralık]
lente (de)	ilkbahar	[ilkbahar]
in de lente (bw)	ilkbaharda	[ilkbaharda]
lente- (abn)	ilkbahar	[ilkbahar]
zomer (de)	yaz	[jaz]
in de zomer (bw)	yazın	[jazın]
zomer-, zomers (bn)	yaz	[jaz]
herfst (de)	sonbahar	[sonbahar]
in de herfst (bw)	sonbaharda	[sonbaharda]
herfst- (abn)	sonbahar	[sonbahar]
winter (de)	kış	[kıʃ]
in de winter (bw)	kışın	[kıʃin]
winter- (abn)	kış, kışlık	[kıʃ], [kıʃlık]
maand (de)	ay	[aj]
deze maand (bw)	bu ay	[bu aj]
volgende maand (bw)	gelecek ay	[geledʒek aj]
vorige maand (bw)	geçen ay	[getʃen aj]
een maand geleden (bw)	bir ay önce	[bir aj øndʒe]
over een maand (bw)	bir ay sonra	[bir aj sonra]
over twee maanden (bw)	iki ay sonra	[iki aj sonra]
de hele maand (bw)	tüm ay	[tym aj]
een volle maand (bw)	bütün ay	[bytyn aj]
maand-, maandelijks (bn)	aylık	[ajlık]
maandelijks (bw)	her ay	[her aj]
elke maand (bw)	her ay	[her aj]
twee keer per maand	ayda iki kez	[ajda iki kez]
jaar (het)	yıl, sene	[jıl], [sene]
dit jaar (bw)	bu sene, bu yıl	[bu sene], [bu jıl]
volgend jaar (bw)	gelecek sene	[geledʒek sene]
vorig jaar (bw)	geçen sene	[getʃen sene]
een jaar geleden (bw)	bir yıl önce	[bir jıl øndʒe]
over een jaar	bir yıl sonra	[bir jıl sonra]
over twee jaar	iki yıl sonra	[iki jıl sonra]
het hele jaar	tüm yıl	[tym jıl]
een vol jaar	bütün yıl	[bytyn jıl]
elk jaar	her sene	[her sene]
jaar-, jaarlijks (bn)	yıllık	[jıllık]
jaarlijks (bw)	her yıl	[her jıl]
4 keer per jaar	yılda dört kere	[jılda dørt kere]
datum (de)	tarih	[tarih]
datum (de)	tarih	[tarih]
kalender (de)	takvim	[takvim]
een half jaar	yarım yıl	[jarım jıl]
zes maanden	altı ay	[altı aj]

seizoen (bijv. lente, zomer)   mevsim   [mevsim]
eeuw (de)   yüzyıl   [juzjıl]

22. Meeteenheden

Nederlands	Turks	Uitspraak
gewicht (het)	ağırlık	[aırlık]
lengte (de)	uzunluk	[uzunluk]
breedte (de)	en, genişlik	[en], [geniʃlik]
hoogte (de)	yükseklik	[jukseklik]
diepte (de)	derinlik	[derinlik]
volume (het)	hacim	[hadʒim]
oppervlakte (de)	alan	[alan]
gram (het)	gram	[gram]
milligram (het)	miligram	[miligram]
kilogram (het)	kilogram	[kilogram]
ton (duizend kilo)	ton	[ton]
pond (het)	libre	[libre]
ons (het)	ons	[ons]
meter (de)	metre	[metre]
millimeter (de)	milimetre	[milimetre]
centimeter (de)	santimetre	[santimetre]
kilometer (de)	kilometre	[kilometre]
mijl (de)	mil	[mil]
duim (de)	inç	[intʃ]
voet (de)	kadem	[kadem]
yard (de)	yarda	[jarda]
vierkante meter (de)	metre kare	[metre kare]
hectare (de)	hektar	[hektar]
liter (de)	litre	[litre]
graad (de)	derece	[deredʒe]
volt (de)	volt	[volt]
ampère (de)	amper	[amper]
paardenkracht (de)	beygir gücü	[bejgir gydʒy]
hoeveelheid (de)	miktar	[miktar]
een beetje ...	biraz ...	[biraz]
helft (de)	yarım	[jarım]
dozijn (het)	düzine	[dyzine]
stuk (het)	adet, tane	[adet], [tane]
afmeting (de)	boyut	[bojut]
schaal (bijv. ~ van 1 op 50)	ölçek	[øltʃek]
minimaal (bn)	minimum	[minimum]
minste (bn)	en küçük	[en kytʃuk]
medium (bn)	orta	[orta]
maximaal (bn)	maksimum	[maksimum]
grootste (bn)	en büyük	[en byjuk]

23. Containers

glazen pot (de)	kavanoz	[kavanoz]
blik (conserven~)	teneke	[teneke]
emmer (de)	kova	[kova]
ton (bijv. regenton)	fıçı, varil	[fıtʃı], [varil]
ronde waterbak (de)	leğen	[leen]
tank (bijv. watertank-70-ltr)	tank	[tank]
heupfles (de)	matara	[matara]
jerrycan (de)	benzin bidonu	[benzin bidonu]
tank (bijv. ketelwagen)	sarnıç	[sarnıtʃ]
beker (de)	kupa	[kupa]
kopje (het)	fincan	[findʒan]
schoteltje (het)	fincan tabağı	[findʒan tabaı]
glas (het)	bardak	[bardak]
wijnglas (het)	kadeh	[kade]
pan (de)	tencere	[tendʒere]
fles (de)	şişe	[ʃiʃe]
flessenhals (de)	boğaz	[boaz]
karaf (de)	sürahi	[syrahi]
kruik (de)	testi	[testi]
vat (het)	kap	[kap]
pot (de)	çömlek	[tʃømlek]
vaas (de)	vazo	[vazo]
flacon (de)	şişe	[ʃiʃe]
flesje (het)	küçük şişe	[kytʃuk ʃiʃe]
tube (bijv. ~ tandpasta)	tüp	[typ]
zak (bijv. ~ aardappelen)	poşet, torba	[poʃet], [torba]
tasje (het)	çuval	[tʃuval]
pakje (~ sigaretten, enz.)	paket	[paket]
doos (de)	kutu	[kutu]
kist (de)	sandık	[sandık]
mand (de)	sepet	[sepet]

MENS

Mens. Het lichaam

24. Hoofd

hoofd (het)	baş	[baʃ]
gezicht (het)	yüz	[juz]
neus (de)	burun	[burun]
mond (de)	ağız	[aız]
oog (het)	göz	[gøz]
ogen (mv.)	gözler	[gøzler]
pupil (de)	göz bebeği	[gøz bebeı]
wenkbrauw (de)	kaş	[kaʃ]
wimper (de)	kirpik	[kirpik]
ooglid (het)	göz kapağı	[gøz kapaı]
tong (de)	dil	[dil]
tand (de)	diş	[diʃ]
lippen (mv.)	dudaklar	[dudaklar]
jukbeenderen (mv.)	elmacık kemiği	[elmadʒık kemi:i]
tandvlees (het)	dişeti	[diʃeti]
gehemelte (het)	damak	[damak]
neusgaten (mv.)	burun deliği	[burun doli:i]
kin (de)	çene	[ʧene]
kaak (de)	çene	[ʧene]
wang (de)	yanak	[janak]
voorhoofd (het)	alın	[alın]
slaap (de)	şakak	[ʃakak]
oor (het)	kulak	[kulak]
achterhoofd (het)	ense	[ense]
hals (de)	boyun	[bojun]
keel (de)	boğaz	[boaz]
haren (mv.)	saçlar	[saʧlar]
kapsel (het)	saç	[saʧ]
haarsnit (de)	saç biçimi	[saʧ biʧimi]
pruik (de)	peruk	[peryk]
snor (de)	bıyık	[bıjık]
baard (de)	sakal	[sakal]
dragen (een baard, enz.)	uzatmak, bırakmak	[uzatmak], [bırakmak]
vlecht (de)	saç örgüsü	[saʧ ørgysy]
bakkebaarden (mv.)	favori	[favori]
ros (roodachtig, rossig)	kızıl saçlı	[kızıl saʧlı]
grijs (~ haar)	kır	[kır]

kaal (bn) kel [kel]
kale plek (de) dazlak yer [dazlak jer]

paardenstaart (de) kuyruk [kujruk]
pony (de) kakül [kakyl]

25. Menselijk lichaam

hand (de) el [el]
arm (de) kol [kol]

vinger (de) parmak [parmak]
teen (de) ayak parmağı [ajak parmaı]
duim (de) başparmak [baʃ parmak]
pink (de) küçük parmak [kyʧuk parmak]
nagel (de) tırnak [tırnak]

vuist (de) yumruk [jumruk]
handpalm (de) avuç [avuʧ]
pols (de) bilek [bilek]
voorarm (de) önkol [ønkol]
elleboog (de) dirsek [dirsek]
schouder (de) omuz [omuz]

been (rechter ~) bacak [badʒak]
voet (de) ayak [ajak]
knie (de) diz [diz]
kuit (de) baldır [baldır]
heup (de) kalça [kalʧa]
hiel (de) topuk [topuk]

lichaam (het) vücut [vydʒut]
buik (de) karın [karın]
borst (de) göğüs [gøjus]
borst (de) göğüs [gøjus]
zijde (de) yan [jan]
rug (de) sırt [sırt]
lage rug (de) alt bel [alt bel]
taille (de) bel [bel]

navel (de) göbek [gøbek]
billen (mv.) kaba et [kaba et]
achterwerk (het) kıç [kıʧ]

huidvlek (de) ben [ben]
moedervlek (de) doğum lekesi [doum lekesi]
tatoeage (de) dövme [døvme]
litteken (het) yara izi [jara izi]

30

Kleding en accessoires

26. Bovenkleding. Jassen

kleren (mv.)	elbise, kıyafet	[elbise], [kıjafet]
bovenkleding (de)	üst kıyafet	[yst kıjafet]
winterkleding (de)	kışlık kıyafet	[kıʃlık kıjafet]
jas (de)	palto	[palto]
bontjas (de)	kürk manto	[kyrk manto]
bontjasje (het)	kürk ceket	[kyrk dʒeket]
donzen jas (de)	ceket aşağı	[dʒeket aʃaı]
jasje (bijv. een leren ~)	ceket	[dʒeket]
regenjas (de)	trençkot	[trentʃkot]
waterdicht (bn)	su geçirmez	[su getʃirmez]

27. Heren & dames kleding

overhemd (het)	gömlek	[gømlek]
broek (de)	pantolon	[pantolon]
jeans (de)	kot pantolon	[kot pantolon]
colbert (de)	ceket	[dʒeket]
kostuum (het)	takım elbise	[takım elbise]
jurk (de)	elbise, kıyafet	[elbise], [kıjafet]
rok (de)	etek	[etek]
blouse (de)	gömlek, bluz	[gømlek], [bluz]
wollen vest (de)	hırka	[hırka]
blazer (kort jasje)	ceket	[dʒeket]
T-shirt (het)	tişört	[tiʃørt]
shorts (mv.)	şort	[ʃort]
trainingspak (het)	eşofman	[eʃofman]
badjas (de)	bornoz	[bornoz]
pyjama (de)	pijama	[piʒama]
sweater (de)	süveter	[syveter]
pullover (de)	pulover	[pulover]
gilet (het)	yelek	[jelek]
rokkostuum (het)	frak	[frak]
smoking (de)	smokin	[smokin]
uniform (het)	üniforma	[yniforma]
werkkleding (de)	iş elbisesi	[iʃ elbisesi]
overall (de)	tulum	[tulum]
doktersjas (de)	önlük	[ønlyk]

28. Kleding. Ondergoed

ondergoed (het)	iç çamaşırı	[itʃ tʃamaʃırı]
herenslip (de)	şort külot	[ʃort kylot]
slipjes (mv.)	bayan külot	[bajan kylot]
onderhemd (het)	atlet	[atlet]
sokken (mv.)	kısa çorap	[kısa tʃorap]
nachthemd (het)	gecelik	[gedʒelik]
beha (de)	sutyen	[sutjen]
kniekousen (mv.)	diz hizası çorap	[diz hizası tʃorap]
panty (de)	külotlu çorap	[kyløtly tʃorap]
nylonkousen (mv.)	çorap	[tʃorap]
badpak (het)	mayo	[majo]

29. Hoofddeksels

hoed (de)	şapka	[ʃapka]
deukhoed (de)	fötr şapka	[føtr ʃapka]
honkbalpet (de)	beyzbol şapkası	[bejzbol ʃapkası]
kleppet (de)	kasket	[kasket]
baret (de)	bere	[bere]
kap (de)	kapüşon	[kapyʃon]
panamahoed (de)	panama	[panama]
gebreide muts (de)	örgü şapka	[ørgy ʃapka]
hoofddoek (de)	başörtüsü	[baʃ ørtysy]
dameshoed (de)	kadın şapkası	[kadın ʃapkası]
veiligheidshelm (de)	baret, kask	[baret], [kask]
veldmuts (de)	kayık kep	[kajık kep]
helm, valhelm (de)	kask	[kask]
bolhoed (de)	melon şapka	[melon ʃapka]
hoge hoed (de)	silindir şapka	[silindir ʃapka]

30. Schoeisel

schoeisel (het)	ayakkabı	[ajakkabı]
schoenen (mv.)	potinler	[potinler]
vrouwenschoenen (mv.)	ayakkabılar	[ajakkabılar]
laarzen (mv.)	çizmeler	[tʃizmeler]
pantoffels (mv.)	terlik	[terlik]
sportschoenen (mv.)	tenis ayakkabısı	[tenis ajakkabısı]
sneakers (mv.)	spor ayakkabısı	[spor ajakkabısı]
sandalen (mv.)	sandalet	[sandalet]
schoenlapper (de)	ayakkabıcı	[ajakkabıdʒı]
hiel (de)	topuk	[topuk]

paar (een ~ schoenen)	bir çift ayakkabı	[bir tʃift ajakkabı]
veter (de)	bağ	[baa]
rijgen (schoenen ~)	bağlamak	[baalamak]
schoenlepel (de)	kaşık	[kaʃık]
schoensmeer (de/het)	ayakkabı boyası	[ajakkabı bojası]

31. Persoonlijke accessoires

handschoenen (mv.)	eldiven	[eldiven]
wanten (mv.)	tek parmaklı eldiven	[tek parmaklı eldiven]
sjaal (fleece ~)	atkı	[atkı]
bril (de)	gözlük	[gøzlyk]
brilmontuur (het)	çerçeve	[tʃertʃeve]
paraplu (de)	şemsiye	[ʃemsije]
wandelstok (de)	baston	[baston]
haarborstel (de)	saç fırçası	[satʃ firtʃası]
waaier (de)	yelpaze	[jelpaze]
das (de)	kravat	[kravat]
strikje (het)	papyon	[papjon]
bretels (mv.)	pantolon askısı	[pantolon askısı]
zakdoek (de)	mendil	[mendil]
kam (de)	tarak	[tarak]
haarspeldje (het)	toka	[toka]
schuifspeldje (het)	firkete	[firkete]
gesp (de)	kemer tokası	[kemer tokası]
broekriem (de)	kemer	[kemer]
draagriem (de)	kayış	[kajıʃ]
handtas (de)	çanta	[tʃanta]
damestas (de)	bayan çantası	[bajan tʃantası]
rugzak (de)	arka çantası	[arka tʃantası]

32. Kleding. Diversen

mode (de)	moda	[moda]
de mode (bn)	modaya uygun	[modaja ujgun]
kledingstilist (de)	modelci	[modeldʒi]
kraag (de)	yaka	[jaka]
zak (de)	cep	[dʒep]
zak- (abn)	cep	[dʒep]
mouw (de)	kol	[kol]
lusje (het)	askı	[askı]
gulp (de)	pantolon fermuarı	[pantolon fermuarı]
rits (de)	fermuar	[fermuar]
sluiting (de)	kopça	[koptʃa]
knoop (de)	düğme	[dyjme]

| knoopsgat (het) | düğme iliği | [dyjme ili:i] |
| losraken (bijv. knopen) | kopmak | [kopmak] |

naaien (kleren, enz.)	dikmek	[dikmek]
borduren (ww)	nakış işlemek	[nakıʃ iʃlemek]
borduursel (het)	nakış	[nakıʃ]
naald (de)	iğne	[i:ine]
draad (de)	iplik	[iplik]
naad (de)	dikiş	[dikiʃ]

vies worden (ww)	kirlenmek	[kirlenmek]
vlek (de)	leke	[leke]
gekreukt raken (ov. kleren)	buruşmak	[buruʃmak]
scheuren (ov.ww.)	yırtmak	[jırtmak]
mot (de)	güve	[gyve]

33. Persoonlijke verzorging. Schoonheidsmiddelen

tandpasta (de)	diş macunu	[diʃ madʒunu]
tandenborstel (de)	diş fırçası	[diʃ fırtʃası]
tanden poetsen (ww)	dişlerini fırçalamak	[diʃlerini fırtʃalamak]

scheermes (het)	jilet	[ʒilet]
scheerschuim (het)	tıraş kremi	[tıraʃ kremi]
zich scheren (ww)	tıraş olmak	[tıraʃ olmak]

| zeep (de) | sabun | [sabun] |
| shampoo (de) | şampuan | [ʃampuan] |

schaar (de)	makas	[makas]
nagelvijl (de)	tırnak törpüsü	[tırnak tørpysy]
nagelknipper (de)	tırnak makası	[tırnak makası]
pincet (het)	cımbız	[dʒımbız]

cosmetica (mv.)	kozmetik	[kozmetik]
masker (het)	yüz maskesi	[juz maskesi]
manicure (de)	manikür	[manikyr]
manicure doen	manikür yapmak	[manikyr japmak]
pedicure (de)	pedikür	[pedikyr]

cosmetica tasje (het)	makyaj çantası	[makjaʒ tʃantası]
poeder (de/het)	pudra	[pudra]
poederdoos (de)	pudralık	[pudralık]
rouge (de)	allık	[allık]

parfum (de/het)	parfüm	[parfym]
eau de toilet (de)	parfüm suyu	[parfym suju]
lotion (de)	losyon	[losjon]
eau de cologne (de)	kolonya	[kolonja]

oogschaduw (de)	far	[far]
oogpotlood (het)	göz kalemi	[gøz kalemi]
mascara (de)	rimel	[rimel]
lippenstift (de)	ruj	[ruʒ]

Nederlands	Turks	Uitspraak
nagellak (de)	oje	[oʒe]
haarlak (de)	saç spreyi	[satʃ spreji]
deodorant (de)	deodorant	[deodorant]
crème (de)	krem	[krem]
gezichtscrème (de)	yüz kremi	[juz kremi]
handcrème (de)	el kremi	[el kremi]
antirimpelcrème (de)	kırışıklık giderici krem	[kırıʃıklık gideridʒi krem]
dagcrème (de)	gündüz kremi	[gyndyz krem]
nachtcrème (de)	gece kremi	[gedʒe kremi]
dag- (abn)	gündüz	[gyndyz]
nacht- (abn)	gece	[gedʒe]
tampon (de)	tampon	[tampon]
toiletpapier (het)	tuvalet kağıdı	[tuvalet kaıdı]
föhn (de)	saç kurutma makinesi	[satʃ kurutma makinesi]

34. Horloges. Klokken

polshorloge (het)	el saati	[el saati]
wijzerplaat (de)	kadran	[kadran]
wijzer (de)	akrep, yelkovan	[akrep], [jelkovan]
metalen horlogeband (de)	metal kordon	[metal kordon]
horlogebandje (het)	kayış	[kajıʃ]
batterij (de)	pil	[pil]
leeg zijn (ww)	bitmek	[bitmek]
batterij vervangen	pil değiştirmek	[pil deiʃtirmek]
voorlopen (ww)	ileri gitmek	[ileri gitmek]
achterlopen (ww)	geride kalmak	[geride kalmak]
wandklok (de)	duvar saati	[duvar saati]
zandloper (de)	kum saati	[kum saati]
zonnewijzer (de)	güneş saati	[gyneʃ saati]
wekker (de)	çalar saat	[tʃalar saat]
horlogemaker (de)	saatçi	[saatʃi]
repareren (ww)	tamir etmek	[tamir etmek]

Voedsel. Voeding

35. Voedsel

vlees (het)	et	[et]
kip (de)	tavuk eti	[tavuk eti]
kuiken (het)	civciv	[dʒiv dʒiv]
eend (de)	ördek	[ørdek]
gans (de)	kaz	[kaz]
wild (het)	av hayvanları	[av hajvanları]
kalkoen (de)	hindi	[hindi]
varkensvlees (het)	domuz eti	[domuz eti]
kalfsvlees (het)	dana eti	[dana eti]
schapenvlees (het)	koyun eti	[kojun eti]
rundvlees (het)	sığır eti	[sıːr eti]
konijnenvlees (het)	tavşan eti	[tavʃan eti]
worst (de)	sucuk, sosis	[sudʒuk], [sosis]
saucijs (de)	sosis	[sosis]
spek (het)	domuz pastırması	[domuz pastırması]
ham (de)	jambon	[ʒambon]
gerookte achterham (de)	tütsülenmiş jambon	[tytsylenmiʃ ʒambon]
paté (de)	ezme	[ezme]
lever (de)	karaciğer	[karadʒier]
gehakt (het)	kıyma	[kıjma]
tong (de)	dil	[dil]
ei (het)	yumurta	[jumurta]
eieren (mv.)	yumurtalar	[jumurtalar]
eiwit (het)	yumurta akı	[jumurta akı]
eigeel (het)	yumurta sarısı	[jumurta sarısı]
vis (de)	balık	[balık]
zeevruchten (mv.)	deniz ürünleri	[deniz yrynleri]
kaviaar (de)	havyar	[havjar]
krab (de)	yengeç	[jengetʃ]
garnaal (de)	karides	[karides]
oester (de)	istiridye	[istiridje]
langoest (de)	langust	[langust]
octopus (de)	ahtapot	[ahtapot]
inktvis (de)	kalamar	[kalamar]
steur (de)	mersin balığı	[mersin balıːı]
zalm (de)	som balığı	[som balıːı]
heilbot (de)	pisi balığı	[pisi balıːı]
kabeljauw (de)	morina balığı	[morina balıːı]
makreel (de)	uskumru	[uskumru]

T&P Books. Thematische woordenschat Nederlands-Turks - 5000 woorden

| tonijn (de) | ton balığı | [ton balı:ı] |
| paling (de) | yılan balığı | [jılan balı:ı] |

forel (de)	alabalık	[alabalık]
sardine (de)	sardalye	[sardalje]
snoek (de)	turna balığı	[turna balı:ı]
haring (de)	ringa	[ringa]

brood (het)	ekmek	[ekmek]
kaas (de)	peynir	[pejnir]
suiker (de)	şeker	[ʃeker]
zout (het)	tuz	[tuz]

rijst (de)	pirinç	[pirintʃ]
pasta (de)	makarna	[makarna]
noedels (mv.)	erişte	[eriʃte]

boter (de)	tereyağı	[terejaı]
plantaardige olie (de)	bitkisel yağ	[bitkisel jaa]
zonnebloemolie (de)	ayçiçeği yağı	[ajtʃitʃeı jaı]
margarine (de)	margarin	[margarin]

| olijven (mv.) | zeytin | [zejtin] |
| olijfolie (de) | zeytin yağı | [zejtin jaı] |

melk (de)	süt	[syt]
gecondenseerde melk (de)	yoğunlaştırılmış süt	[jounlaʃtırılmıʃ syt]
yoghurt (de)	yoğurt	[jourt]
zure room (de)	ekşi krema	[ekʃi krema]
room (de)	süt kaymağı	[syt kajmaı]

| mayonaise (de) | mayonez | [majonez] |
| crème (de) | krema | [krema] |

graan (het)	tane	[tane]
meel (het), bloem (de)	un	[un]
conserven (mv.)	konserve	[konserve]

maïsvlokken (mv.)	mısır gevreği	[mısır gevrei]
honing (de)	bal	[bal]
jam (de)	reçel, marmelat	[retʃel], [marmelat]
kauwgom (de)	sakız, çiklet	[sakız], [tʃiklet]

36. Drankjes

water (het)	su	[su]
drinkwater (het)	içme suyu	[itʃme suju]
mineraalwater (het)	maden suyu	[maden suju]

zonder gas	gazsız	[gazsız]
koolzuurhoudend (bn)	gazlı	[gazlı]
bruisend (bn)	maden	[maden]
ijs (het)	buz	[buz]
met ijs	buzlu	[buzlu]

alcohol vrij (bn)	alkolsüz	[alkolsyz]
alcohol vrije drank (de)	alkolsüz içki	[alkolsyz itʃki]
frisdrank (de)	soğuk meşrubat	[souk meʃrubat]
limonade (de)	limonata	[limonata]
alcoholische dranken (mv.)	alkollü içkiler	[alkolly itʃkiler]
wijn (de)	şarap	[ʃarap]
witte wijn (de)	beyaz şarap	[bejaz ʃarap]
rode wijn (de)	kırmızı şarap	[kırmızı ʃarap]
likeur (de)	likör	[likør]
champagne (de)	şampanya	[ʃampanja]
vermout (de)	vermut	[vermut]
whisky (de)	viski	[viski]
wodka (de)	votka	[votka]
gin (de)	cin	[dʒin]
cognac (de)	konyak	[konjak]
rum (de)	rom	[rom]
koffie (de)	kahve	[kahve]
zwarte koffie (de)	siyah kahve	[sijah kahve]
koffie (de) met melk	sütlü kahve	[sytly kahve]
cappuccino (de)	kaymaklı kahve	[kajmaklı kahve]
oploskoffie (de)	hazır kahve	[hazır kahve]
melk (de)	süt	[syt]
cocktail (de)	kokteyl	[koktejl]
milkshake (de)	sütlü kokteyl	[sytly koktejl]
sap (het)	meyve suyu	[mejve suju]
tomatensap (het)	domates suyu	[domates suju]
sinaasappelsap (het)	portakal suyu	[portakal suju]
vers geperst sap (het)	taze meyve suyu	[taze mejve suju]
bier (het)	bira	[bira]
licht bier (het)	hafif bira	[hafif bira]
donker bier (het)	siyah bira	[sijah bira]
thee (de)	çay	[tʃaj]
zwarte thee (de)	siyah çay	[sijah tʃaj]
groene thee (de)	yeşil çay	[jeʃil tʃaj]

37. Groenten

groenten (mv.)	sebze	[sebze]
verse kruiden (mv.)	yeşillik	[jeʃilik]
tomaat (de)	domates	[domates]
augurk (de)	salatalık	[salatalık]
wortel (de)	havuç	[havutʃ]
aardappel (de)	patates	[patates]
ui (de)	soğan	[soan]
knoflook (de)	sarımsak	[sarımsak]

T&P Books. Thematische woordenschat Nederlands-Turks - 5000 woorden

kool (de)	lahana	[lahana]
bloemkool (de)	karnabahar	[karnabahar]
spruitkool (de)	Brüksel lâhanası	[bryksel lahanası]
broccoli (de)	brokoli	[brokoli]

rode biet (de)	pancar	[pandʒar]
aubergine (de)	patlıcan	[patlıdʒan]
courgette (de)	sakız kabağı	[sakız kabaı]
pompoen (de)	kabak	[kabak]
raap (de)	şalgam	[ʃalgam]

peterselie (de)	maydanoz	[majdanoz]
dille (de)	dereotu	[dereotu]
sla (de)	yeşil salata	[jeʃil salata]
selderij (de)	kereviz	[kereviz]
asperge (de)	kuşkonmaz	[kuʃkonmaz]
spinazie (de)	ıspanak	[ıspanak]

erwt (de)	bezelye	[bezelje]
bonen (mv.)	bakla	[bakla]
maïs (de)	mısır	[mısır]
nierboon (de)	fasulye	[fasulje]

peper (de)	dolma biber	[dolma biber]
radijs (de)	turp	[turp]
artisjok (de)	enginar	[enginar]

38. Vruchten. Noten

vrucht (de)	meyve	[mejve]
appel (de)	elma	[elma]
peer (de)	armut	[armut]
citroen (de)	limon	[limon]
sinaasappel (de)	portakal	[portakal]
aardbei (de)	çilek	[tʃilek]

mandarijn (de)	mandalina	[mandalina]
pruim (de)	erik	[erik]
perzik (de)	şeftali	[ʃeftali]
abrikoos (de)	kayısı	[kajısı]
framboos (de)	ahududu	[ahududu]
ananas (de)	ananas	[ananas]

banaan (de)	muz	[muz]
watermeloen (de)	karpuz	[karpuz]
druif (de)	üzüm	[yzym]
zure kers (de)	vişne	[viʃne]
zoete kers (de)	kiraz	[kiraz]
meloen (de)	kavun	[kavun]

grapefruit (de)	greypfrut	[grejpfrut]
avocado (de)	avokado	[avokado]
papaja (de)	papaya	[papaja]
mango (de)	mango	[mango]

granaatappel (de)	nar	[nar]
rode bes (de)	kırmızı frenk üzümü	[kırmızı frenk yzymy]
zwarte bes (de)	siyah frenk üzümü	[sijah frenk yzymy]
kruisbes (de)	bektaşı üzümü	[bektaʃı yzymy]
blauwe bosbes (de)	yaban mersini	[jaban mersini]
braambes (de)	böğürtlen	[bøjurtlen]
rozijn (de)	kuru üzüm	[kuru yzym]
vijg (de)	incir	[indʒir]
dadel (de)	hurma	[hurma]
pinda (de)	yerfıstığı	[jerfıstı:ı]
amandel (de)	badem	[badem]
walnoot (de)	ceviz	[dʒeviz]
hazelnoot (de)	fındık	[fındık]
kokosnoot (de)	Hindistan cevizi	[hindistan dʒevizi]
pistaches (mv.)	çam fıstığı	[tʃam fıstı:ı]

39. Brood. Snoep

suikerbakkerij (de)	şekerleme	[ʃekerleme]
brood (het)	ekmek	[ekmek]
koekje (het)	bisküvi	[biskyvi]
chocolade (de)	çikolata	[tʃikolata]
chocolade- (abn)	çikolatalı	[tʃikolatalı]
snoepje (het)	şeker	[ʃeker]
cakeje (het)	ufak kek	[ufak kek]
taart (bijv. verjaardags~)	kek, pasta	[kek], [pasta]
pastei (de)	börek	[børek]
vulling (de)	iç	[itʃ]
confituur (de)	reçel	[retʃel]
marmelade (de)	marmelat	[marmelat]
wafel (de)	gofret	[gofret]
ijsje (het)	dondurma	[dondurma]

40. Bereide gerechten

gerecht (het)	yemek	[jemek]
keuken (bijv. Franse ~)	mutfak	[mutfak]
recept (het)	yemek tarifi	[jemek tarifı]
portie (de)	porsiyon	[porsijon]
salade (de)	salata	[salata]
soep (de)	çorba	[tʃorba]
bouillon (de)	et suyu	[et suju]
boterham (de)	sandviç	[sandvitʃ]
spiegelei (het)	sahanda yumurta	[sahanda jumurta]
hamburger (de)	hamburger	[hamburger]

biefstuk (de)	biftek	[biftek]
garnering (de)	garnitür	[garnityr]
spaghetti (de)	spagetti	[spagetti]
aardappelpuree (de)	patates püresi	[patates pyresi]
pizza (de)	pizza	[pizza]
pap (de)	lâpa	[lapa]
omelet (de)	omlet	[omlet]
gekookt (in water)	pişmiş	[piʃmiʃ]
gerookt (bn)	tütsülenmiş, füme	[tytsylenmiʃ], [fyme]
gebakken (bn)	kızartılmış	[kızartılmıʃ]
gedroogd (bn)	kuru	[kuru]
diepvries (bn)	dondurulmuş	[dondurulmuʃ]
gemarineerd (bn)	turşu	[turʃu]
zoet (bn)	tatlı	[tatlı]
gezouten (bn)	tuzlu	[tuzlu]
koud (bn)	soğuk	[souk]
heet (bn)	sıcak	[sıdʒak]
bitter (bn)	acı	[adʒı]
lekker (bn)	tatlı, lezzetli	[tatlı], [lezzetlı]
koken (in kokend water)	kaynatmak	[kajnatmak]
bereiden (avondmaaltijd ~)	pişirmek	[piʃirmek]
bakken (ww)	kızartmak	[kızartmak]
opwarmen (ww)	ısıtmak	[ısıtmak]
zouten (ww)	tuzlamak	[tuzlamak]
peperen (ww)	biberlemek	[biberlemek]
raspen (ww)	rendelemek	[rendelemek]
schil (de)	kabuk	[kabuk]
schillen (ww)	soymak	[sojmak]

41. Kruiden

zout (het)	tuz	[tuz]
gezouten (bn)	tuzlu	[tuzlu]
zouten (ww)	tuzlamak	[tuzlamak]
zwarte peper (de)	siyah biber	[sijah biber]
rode peper (de)	kırmızı biber	[kırmızı biber]
mosterd (de)	hardal	[hardal]
mierikswortel (de)	bayırturpu	[bajırturpu]
condiment (het)	çeşni	[tʃeʃni]
specerij, kruiderij (de)	baharat	[baharat]
saus (de)	salça, sos	[saltʃa], [sos]
azijn (de)	sirke	[sirke]
anijs (de)	anason	[anason]
basilicum (de)	fesleğen	[fesleen]
kruidnagel (de)	karanfil	[karanfil]
gember (de)	zencefil	[zendʒefil]
koriander (de)	kişniş	[kiʃniʃ]

kaneel (de/het)	tarçın	[tartʃın]
sesamzaad (het)	susam	[susam]
laurierblad (het)	defne yaprağı	[defne japraı]
paprika (de)	kırmızı biber	[kırmızı biber]
komijn (de)	çörek otu	[tʃørek otu]
saffraan (de)	safran	[safran]

42. Maaltijden

| eten (het) | yemek | [jemek] |
| eten (ww) | yemek | [jemek] |

ontbijt (het)	kahvaltı	[kahvaltı]
ontbijten (ww)	kahvaltı yapmak	[kahvaltı japmak]
lunch (de)	öğle yemeği	[øːle jemei]
lunchen (ww)	öğle yemeği yemek	[øːle jemei jemek]
avondeten (het)	akşam yemeği	[akʃam jemei]
souperen (ww)	akşam yemeği yemek	[akʃam jemei jemek]

| eetlust (de) | iştah | [iʃtah] |
| Eet smakelijk! | Afiyet olsun! | [afijet olsun] |

openen (een fles ~)	açmak	[atʃmak]
morsen (koffie, enz.)	dökmek	[døkmek]
zijn gemorst	dökülmek	[døkylmek]
koken (water kookt bij 100°C)	kaynamak	[kajnamak]
koken (Hoe om water te ~)	kaynatmak	[kajnatmak]
gekookt (~ water)	kaynamış	[kajnamıʃ]
afkoelen (koeler maken)	serinletmek	[serinletmek]
afkoelen (koeler worden)	serinleşmek	[serinleʃmek]

| smaak (de) | tat | [tat] |
| nasmaak (de) | ağızda kalan tat | [aızda kalan tat] |

volgen een dieet	zayıflamak	[zajıflamak]
dieet (het)	rejim, diyet	[reʒim], [dijet]
vitamine (de)	vitamin	[vitamin]
calorie (de)	kalori	[kalori]
vegetariër (de)	vejetaryen kimse	[vedʒetarien kimse]
vegetarisch (bn)	vejetaryen	[vedʒetarien]

vetten (mv.)	yağlar	[jaalar]
eiwitten (mv.)	proteinler	[proteinler]
koolhydraten (mv.)	karbonhidratlar	[karbonhidratlar]
snede (de)	dilim	[dilim]
stuk (bijv. een ~ taart)	parça	[partʃa]
kruimel (de)	kırıntı	[kırıntı]

43. Tafelschikking

| lepel (de) | kaşık | [kaʃık] |
| mes (het) | bıçak | [bıtʃak] |

vork (de)	çatal	[tʃatal]
kopje (het)	fincan	[findʒan]
bord (het)	tabak	[tabak]
schoteltje (het)	fincan tabağı	[findʒan tabaı]
servet (het)	peçete	[petʃete]
tandenstoker (de)	kürdan	[kyrdan]

44. Restaurant

restaurant (het)	restoran	[restoran]
koffiehuis (het)	kahvehane	[kahvehane]
bar (de)	bar	[bar]
tearoom (de)	çay salonu	[tʃaj salonu]
kelner, ober (de)	garson	[garson]
serveerster (de)	kadın garson	[kadın garson]
barman (de)	barmen	[barmen]
menu (het)	menü	[meny]
wijnkaart (de)	şarap listesi	[ʃarap listesi]
een tafel reserveren	masa ayırtmak	[masa ajırtmak]
gerecht (het)	yemek	[jemek]
bestellen (eten ~)	sipariş etmek	[sipariʃ etmek]
een bestelling maken	sipariş vermek	[sipariʃ vermek]
aperitief (de/het)	aperatif	[aperatif]
voorgerecht (het)	çerez	[tʃerez]
dessert (het)	tatlı	[tatlı]
rekening (de)	hesap	[hesap]
de rekening betalen	hesabı ödemek	[hesabı ødemek]
wisselgeld teruggeven	para üstü vermek	[para justy vermek]
fooi (de)	bahşiş	[bahʃiʃ]

Familie, verwanten en vrienden

45. Persoonlijke informatie. Formulieren

naam (de)	ad, isim	[ad], [isim]
achternaam (de)	soyadı	[sojadı]
geboortedatum (de)	doğum tarihi	[doum tarihi]
geboorteplaats (de)	doğum yeri	[doum jeri]
nationaliteit (de)	milliyet	[millijet]
woonplaats (de)	ikamet yeri	[ikamet jeri]
land (het)	ülke	[ylke]
beroep (het)	meslek	[meslek]
geslacht (ov. het vrouwelijk ~)	cinsiyet	[dʒinsijet]
lengte (de)	boy	[boj]
gewicht (het)	ağırlık	[aırlık]

46. Familieleden. Verwanten

moeder (de)	anne	[anne]
vader (de)	baba	[baba]
zoon (de)	oğul	[øːul]
dochter (de)	kız	[kız]
jongste dochter (de)	küçük kız	[kytʃuk kız]
jongste zoon (de)	küçük oğul	[kytʃuk oul]
oudste dochter (de)	büyük kız	[byjuk kız]
oudste zoon (de)	büyük oğul	[byjuk oul]
broer (de)	kardeş	[kardeʃ]
oudere broer (de)	ağabey, büyük kardeş	[aabej], [byjuk kardeʃ]
jongere broer (de)	küçük kardeş	[kytʃuk kardeʃ]
zuster (de)	kardeş, bacı	[kardeʃ], [badʒı]
oudere zuster (de)	abla, büyük bacı	[abla], [byjuk badʒı]
jongere zuster (de)	kız kardeş	[kız kardeʃ]
neef (zoon van oom, tante)	erkek kuzen	[erkek kuzen]
nicht (dochter van oom, tante)	kız kuzen	[kız kuzen]
mama (de)	anne	[anne]
papa (de)	baba	[baba]
ouders (mv.)	ana baba	[ana baba]
kind (het)	çocuk	[tʃodʒuk]
kinderen (mv.)	çocuklar	[tʃodʒuklar]
oma (de)	büyük anne	[byjuk anne]
opa (de)	büyük baba	[byjuk baba]

kleinzoon (de)	erkek torun	[erkek torun]
kleindochter (de)	kız torun	[kız torun]
kleinkinderen (mv.)	torunlar	[torunlar]
oom (de)	amca, dayı	[amdʒa], [dajı]
tante (de)	teyze, hala	[tejze], [hala]
neef (zoon van broer, zus)	erkek yeğen	[erkek jeen]
nicht (dochter van broer, zus)	kız yeğen	[kız jeen]
schoonmoeder (de)	kaynana	[kajnana]
schoonvader (de)	kaynata	[kajnata]
schoonzoon (de)	güvey	[gyvej]
stiefmoeder (de)	üvey anne	[yvej anne]
stiefvader (de)	üvey baba	[yvej baba]
zuigeling (de)	süt çocuğu	[syt tʃodʒuu]
wiegenkind (het)	bebek	[bebek]
kleuter (de)	erkek çocuk	[erkek tʃodʒuk]
vrouw (de)	hanım, eş	[hanım], [eʃ]
man (de)	eş, koca	[eʃ], [kodʒa]
echtgenoot (de)	koca	[kodʒa]
echtgenote (de)	karı	[karı]
gehuwd (mann.)	evli	[evli]
gehuwd (vrouw.)	evli	[evli]
ongehuwd (mann.)	bekâr	[bekjar]
vrijgezel (de)	bekâr	[bekjar]
gescheiden (bn)	boşanmış	[boʃanmıʃ]
weduwe (de)	dul kadın	[dul kadın]
weduwnaar (de)	dul erkek	[dul erkek]
familielid (het)	akraba	[akraba]
dichte familielid (het)	yakın akraba	[jakın akraba]
verre familielid (het)	uzak akraba	[uzak akraba]
familieleden (mv.)	akrabalar	[akrabalar]
wees (de), weeskind (het)	yetim	[jetim]
voogd (de)	vasi	[vasi]
adopteren (een jongen te ~)	evlatlık almak	[evlatlık almak]
adopteren (een meisje te ~)	evlatlık almak	[evlatlık almak]

# Geneeskunde

47. Ziekten

ziekte (de)	hastalık	[hastalık]
ziek zijn (ww)	hasta olmak	[hasta olmak]
gezondheid (de)	sağlık	[saalık]
snotneus (de)	nezle	[nezle]
angina (de)	anjin	[anʒin]
verkoudheid (de)	soğuk algınlığı	[souk algınlı:ı]
verkouden raken (ww)	soğuk almak	[souk almak]
bronchitis (de)	bronşit	[bronʃit]
longontsteking (de)	zatürree	[zatyrree]
griep (de)	grip	[grip]
bijziend (bn)	miyop	[mijop]
verziend (bn)	hipermetrop	[hipermetrop]
scheelheid (de)	şaşılık	[ʃaʃılık]
scheel (bn)	şaşı	[ʃaʃı]
grauwe staar (de)	katarakt	[katarakt]
glaucoom (het)	glokoma	[glokoma]
beroerte (de)	felç	[feltʃ]
hartinfarct (het)	enfarktüs	[enfarktys]
myocardiaal infarct (het)	kalp krizi	[kalp krizi]
verlamming (de)	felç	[feltʃ]
verlammen (ww)	felç olmak	[feltʃ olmak]
allergie (de)	alerji	[alerʒi]
astma (de/het)	astım	[astım]
diabetes (de)	diyabet	[diabet]
tandpijn (de)	diş ağrısı	[diʃ aarısı]
tandbederf (het)	diş çürümesi	[diʃ tʃurymesi]
diarree (de)	ishal	[ishal]
constipatie (de)	kabız	[kabız]
maagstoornis (de)	mide bozukluğu	[mide bozukluu]
voedselvergiftiging (de)	zehirlenme	[zehirlenme]
voedselvergiftiging oplopen	zehirlenmek	[zehirlenmek]
artritis (de)	artrit, arterit	[artrit]
rachitis (de)	raşitizm	[raʃitizm]
reuma (het)	romatizma	[romatizma]
arteriosclerose (de)	damar sertliği	[damar sertli:i]
gastritis (de)	gastrit	[gastrit]
blindedarmontsteking (de)	apandisit	[apandisit]

| galblaasontsteking (de) | kolesistit | [kolesistit] |
| zweer (de) | ülser | [ylser] |

mazelen (mv.)	kızamık	[kızamık]
rodehond (de)	kızamıkçık	[kızamıktʃik]
geelzucht (de)	sarılık	[sarılık]
leverontsteking (de)	hepatit	[hepatit]

schizofrenie (de)	şizofreni	[ʃizofreni]
dolheid (de)	kuduz hastalığı	[kuduz hastalı:ı]
neurose (de)	nevroz	[nevroz]
hersenschudding (de)	beyin kanaması	[bejin kanaması]

kanker (de)	kanser	[kanser]
sclerose (de)	skleroz	[skleroz]
multiple sclerose (de)	multipl skleroz	[multipl skleroz]

alcoholisme (het)	alkoliklik	[alkoliklik]
alcoholicus (de)	alkolik	[alkolik]
syfilis (de)	frengi	[frengi]
AIDS (de)	AİDS	[eids]

tumor (de)	tümör, ur	[tymør], [jur]
kwaadaardig (bn)	kötü huylu	[køty hujlu]
goedaardig (bn)	iyi huylu	[iji hujlu]

koorts (de)	sıtma	[sıtma]
malaria (de)	malarya	[malarja]
gangreen (het)	kangren	[kangren]
zeeziekte (de)	deniz tutması	[deniz tutması]
epilepsie (de)	epilepsi	[epilepsi]

epidemie (de)	salgın	[ɜalgın]
tyfus (de)	tifüs	[tifys]
tuberculose (de)	verem	[verem]
cholera (de)	kolera	[kolera]
pest (de)	veba	[veba]

48. Symptomen. Behandelingen. Deel 1

symptoom (het)	belirti	[belirti]
temperatuur (de)	ateş	[ateʃ]
verhoogde temperatuur (de)	yüksek ateş	[juksek ateʃ]
polsslag (de)	nabız	[nabız]

duizeling (de)	baş dönmesi	[baʃ dønmesi]
heet (erg warm)	ateşli	[ateʃli]
koude rillingen (mv.)	üşüme	[yʃyme]
bleek (bn)	solgun	[solgun]

hoest (de)	öksürük	[øksyryk]
hoesten (ww)	öksürmek	[øksyrmek]
niezen (ww)	hapşırmak	[hapʃırmak]
flauwte (de)	baygınlık	[bajgınlık]

Nederlands	Turks	Uitspraak
flauwvallen (ww)	bayılmak	[bajılmak]
blauwe plek (de)	çürük	[tʃuryk]
buil (de)	şişlik	[ʃiʃlik]
zich stoten (ww)	çarpmak	[tʃarpmak]
kneuzing (de)	yara	[jara]
kneuzen (gekneusd zijn)	yaralamak	[jaralamak]
hinken (ww)	topallamak	[topallamak]
verstuiking (de)	çıkık	[tʃıkık]
verstuiken (enkel, enz.)	çıkmak	[tʃıkmak]
breuk (de)	kırık, fraktür	[kırık], [fraktyr]
een breuk oplopen	kırılmak	[kırılmak]
snijwond (de)	kesik	[kesik]
zich snijden (ww)	bir yerini kesmek	[bir jerini kesmek]
bloeding (de)	kanama	[kanama]
brandwond (de)	yanık	[janık]
zich branden (ww)	yanmak	[janmak]
prikken (ww)	batırmak	[batırmak]
zich prikken (ww)	batırmak	[batırmak]
blesseren (ww)	yaralamak	[jaralamak]
blessure (letsel)	yara, zarar	[jara], [zarar]
wond (de)	yara	[jara]
trauma (het)	sarsıntı	[sarsıntı]
ijlen (ww)	sayıklamak	[sajıklamak]
stotteren (ww)	kekelemek	[kekelemek]
zonnesteek (de)	güneş çarpması	[gyneʃ tʃarpması]

49. Symptomen. Behandelingen. Deel 2

Nederlands	Turks	Uitspraak
pijn (de)	acı	[adʒı]
splinter (de)	kıymık	[kıjmık]
zweet (het)	ter	[ter]
zweten (ww)	terlemek	[terlemek]
braking (de)	kusma	[kusma]
stuiptrekkingen (mv.)	kramp	[kramp]
zwanger (bn)	hamile	[hamile]
geboren worden (ww)	doğmak	[doomak]
geboorte (de)	doğum	[doum]
baren (ww)	doğurmak	[dourmak]
abortus (de)	çocuk düşürme	[tʃodʒuk dyʃyrme]
ademhaling (de)	respirasyon	[respirasjon]
inademing (de)	soluk alma	[soluk alma]
uitademing (de)	soluk verme	[soluk verme]
uitademen (ww)	soluk vermek	[soluk vermek]
inademen (ww)	bir soluk almak	[bir soluk almak]
invalide (de)	malul	[malyl]
gehandicapte (de)	sakat	[sakat]

T&P Books. Thematische woordenschat Nederlands-Turks - 5000 woorden

drugsverslaafde (de)	uyuşturucu bağımlısı	[ujuʃturudʒu baımlısı]
doof (bn)	sağır	[saır]
stom (bn)	dilsiz	[dilsiz]
doofstom (bn)	sağır ve dilsiz	[saır ve dilsiz]

krankzinnig (bn)	deli	[deli]
krankzinnige (man)	deli adam	[deli adam]
krankzinnige (vrouw)	deli kadın	[deli kadın]
krankzinnig worden	çıldırmak	[tʃıldırmak]

gen (het)	gen	[gen]
immuniteit (de)	bağışıklık	[baıʃıklık]
erfelijk (bn)	irsi, kalıtsal	[irsi], [kalıtsal]
aangeboren (bn)	doğuştan	[douʃtan]

virus (het)	virüs	[virys]
microbe (de)	mikrop	[mikrop]
bacterie (de)	bakteri	[bakteri]
infectie (de)	enfeksiyon	[enfeksijon]

50. Symptomen. Behandelingen. Deel 3

ziekenhuis (het)	hastane	[hastane]
patiënt (de)	hasta	[hasta]

diagnose (de)	teşhis	[teʃhis]
genezing (de)	çare	[tʃare]
medische behandeling (de)	tedavi	[tedavi]
onder behandeling zijn	tedavi görmek	[tedavi gørmek]
behandelen (ww)	tedavi etmek	[tedavi etmek]
zorgen (zieken ~)	hastaya bakmak	[hastaja bakımak]
ziekenzorg (de)	hasta bakımı	[hasta bakımı]

operatie (de)	ameliyat	[amelijat]
verbinden (een arm ~)	pansuman yapmak	[pansuman japmak]
verband (het)	pansuman	[pansuman]

vaccin (het)	aşılama	[aʃılama]
inenten (vaccineren)	aşı yapmak	[aʃı japmak]
injectie (de)	iğne	[i:ine]
een injectie geven	iğne yapmak	[i:ine japmak]

aanval (de)	atak	[atak]
amputatie (de)	ampütasyon	[ampytasjon]
amputeren (ww)	ameliyatla almak	[amelijatla almak]
coma (het)	koma	[koma]
in coma liggen	komada olmak	[komada olmak]
intensieve zorg, ICU (de)	yoğun bakım	[joun bakım]

zich herstellen (ww)	iyileşmek	[ijileʃmek]
toestand (de)	durum	[durum]
bewustzijn (het)	bilinç	[bilintʃ]
geheugen (het)	hafıza	[hafıza]
trekken (een kies ~)	çekmek	[tʃekmek]

vulling (de)	dolgu	[dolgu]
vullen (ww)	dolgu yapmak	[dolgu japmak]
hypnose (de)	hipnoz	[hipnoz]
hypnotiseren (ww)	hipnotize etmek	[hipnotize etmek]

51. Artsen

dokter, arts (de)	doktor	[doktor]
ziekenzuster (de)	hemşire	[hemʃire]
lijfarts (de)	özel doktor	[øzel doktor]
tandarts (de)	dişçi	[diʃtʃi]
oogarts (de)	göz doktoru	[gøz doktoru]
therapeut (de)	pratisyen doktor	[pratisjen doktor]
chirurg (de)	cerrah	[dʒerrah]
psychiater (de)	psikiyatr	[psikijatr]
pediater (de)	çocuk doktoru	[tʃodʒuk doktoru]
psycholoog (de)	psikolog	[psikolog]
gynaecoloog (de)	kadın doktoru	[kadın doktoru]
cardioloog (de)	kardiyoloji uzmanı	[kardioloʒi uzmanı]

52. Geneeskunde. Medicijnen. Accessoires

geneesmiddel (het)	ilaç	[ilatʃ]
middel (het)	deva	[deva]
voorschrijven (ww)	yazmak	[jazmak]
recept (het)	reçete	[retʃete]
tablet (de/het)	hap	[hap]
zalf (de)	merhem	[merhem]
ampul (de)	ampul	[ampul]
drank (de)	solüsyon	[solysjon]
siroop (de)	şurup	[ʃurup]
pil (de)	kapsül	[kapsyl]
poeder (de/het)	toz	[toz]
verband (het)	bandaj	[bandaʒ]
watten (mv.)	pamuk	[pamuk]
jodium (het)	iyot	[ijot]
pleister (de)	yara bandı	[jara bandı]
pipet (de)	damlalık	[damlalık]
thermometer (de)	derece	[deredʒe]
spuit (de)	şırınga	[ʃiringa]
rolstoel (de)	tekerlekli sandalye	[tekerlekli sandalje]
krukken (mv.)	koltuk değneği	[koltuk deeneei]
pijnstiller (de)	anestetik	[anestetik]
laxeermiddel (het)	müshil	[myshil]

spiritus (de)	ispirto	[ispirto]
medicinale kruiden (mv.)	şifalı bitkiler	[şifalı bitkiler]
kruiden- (abn)	bitkisel	[bitkisel]

HET MENSELIJKE LEEFGEBIED

Stad

53. Stad. Het leven in de stad

stad (de)	kent, şehir	[kent], [ʃehir]
hoofdstad (de)	başkent	[baʃkent]
dorp (het)	köy	[køj]
plattegrond (de)	şehir planı	[ʃehir planı]
centrum (ov. een stad)	şehir merkezi	[ʃehir merkezi]
voorstad (de)	varoş	[varoʃ]
voorstads- (abn)	banliyö	[banljø]
randgemeente (de)	şehir kenarı	[ʃehir kenarı]
omgeving (de)	çevre	[tʃevre]
blok (huizenblok)	mahalle	[mahale]
woonwijk (de)	yerleşim bölgesi	[jerleʃim bølgesi]
verkeer (het)	trafik	[trafik]
verkeerslicht (het)	trafik ışıkları	[trafik ıʃıkları]
openbaar vervoer (het)	toplu taşıma	[toplu taʃıma]
kruispunt (het)	kavşak	[kavʃak]
zebrapad (oversteekplaats)	yaya geçidi	[jaja getʃidi]
onderdoorgang (de)	yeraltı geçidi	[jeraltı getʃidi]
oversteken (de straat ~)	geçmek	[getʃmek]
voetganger (de)	yaya	[jaja]
trottoir (het)	yaya kaldırımı	[jaja kaldırımı]
brug (de)	köprü	[køpry]
dijk (de)	rıhtım	[rıhtım]
fontein (de)	çeşme	[tʃeʃme]
allee (de)	park yolu	[park jolu]
park (het)	park	[park]
boulevard (de)	bulvar	[bulvar]
plein (het)	meydan	[mejdan]
laan (de)	geniş cadde	[geniʃ dʒadde]
straat (de)	sokak, cadde	[sokak], [dʒadde]
zijstraat (de)	ara sokak	[ara sokak]
doodlopende straat (de)	çıkmaz sokak	[tʃıkmaz sokak]
huis (het)	ev	[ev]
gebouw (het)	bina	[bina]
wolkenkrabber (de)	gökdelen	[gøkdelen]
gevel (de)	cephe	[dʒephe]
dak (het)	çatı	[tʃatı]

venster (het)	pencere	[pendʒere]
boog (de)	kemer	[kemer]
pilaar (de)	sütün	[sytyn]
hoek (ov. een gebouw)	köşe	[køʃe]

vitrine (de)	vitrin	[vitrin]
gevelreclame (de)	levha	[levha]
affiche (de/het)	afiş	[afiʃ]
reclameposter (de)	reklam panosu	[reklam panosu]
aanplakbord (het)	reklam panosu	[reklam panosu]

vuilnis (de/het)	çöp	[tʃøp]
vuilnisbak (de)	çöp tenekesi	[tʃøp tenekesi]
afval weggooien (ww)	çöp atmak	[tʃøp atmak]
stortplaats (de)	çöplük	[tʃøplyk]

telefooncel (de)	telefon kulübesi	[telefon kylybesi]
straatlicht (het)	fener direği	[fener direi]
bank (de)	bank	[bank]

politieagent (de)	erkek polis	[erkek polis]
politie (de)	polis	[polis]
zwerver (de)	dilenci	[dilendʒi]
dakloze (de)	evsiz	[evsiz]

54. Stedelijke instellingen

winkel (de)	mağaza	[maaza]
apotheek (de)	eczane	[edʒzane]
optiek (de)	optik	[optik]
winkelcentrum (het)	alışveriş merkezi	[alıʃveriʃ merkezi]
supermarkt (de)	süpermarket	[sypermarket]

bakkerij (de)	ekmekçi dükkânı	[ekmektʃi dykkanı]
bakker (de)	fırıncı	[fırındʒı]
banketbakkerij (de)	pastane	[pastane]
kruidenier (de)	bakkaliye	[bakkalije]
slagerij (de)	kasap dükkanı	[kasap dykkanı]

groentewinkel (de)	manav	[manav]
markt (de)	çarşı	[tʃarʃı]

koffiehuis (het)	kahvehane	[kahvehane]
restaurant (het)	restoran	[restoran]
bar (de)	birahane	[birahane]
pizzeria (de)	pizzacı	[pizadʒı]

kapperssalon (de/het)	kuaför salonu	[kuafør salonu]
postkantoor (het)	postane	[postane]
stomerij (de)	kuru temizleme	[kuru temizleme]
fotostudio (de)	fotoğraf stüdyosu	[fotoraf stydjosu]

schoenwinkel (de)	ayakkabı mağazası	[ajakkabı maazası]
boekhandel (de)	kitabevi	[kitabevi]

sportwinkel (de)	spor mağazası	[spor maazası]
kledingreparatie (de)	elbise tamiri	[elbise tamiri]
kledingverhuur (de)	giysi kiralama	[gijsı kiralama]
videotheek (de)	film kiralama	[film kiralama]
circus (de/het)	sirk	[sirk]
dierentuin (de)	hayvanat bahçesi	[hajvanat bahtʃesi]
bioscoop (de)	sinema	[sinema]
museum (het)	müze	[myze]
bibliotheek (de)	kütüphane	[kytyphane]
theater (het)	tiyatro	[tijatro]
opera (de)	opera	[opera]
nachtclub (de)	gece kulübü	[gedʒe kulyby]
casino (het)	kazino	[kazino]
moskee (de)	cami	[dʒami]
synagoge (de)	sinagog	[sinagog]
kathedraal (de)	katedral	[katedral]
tempel (de)	ibadethane	[ibadethane]
kerk (de)	kilise	[kilise]
instituut (het)	enstitü	[enstity]
universiteit (de)	üniversite	[yniversite]
school (de)	okul	[okul]
gemeentehuis (het)	belediye	[beledije]
stadhuis (het)	belediye	[beledije]
hotel (het)	otel	[otel]
bank (de)	banka	[banka]
ambassade (de)	elçilik	[eltʃilik]
reisbureau (het)	seyahat acentesi	[sejahat adʒentesi]
informatieloket (het)	danışma bürosu	[danıʃma byrosu]
wisselkantoor (het)	döviz bürosu	[døviz byrosu]
metro (de)	metro	[metro]
ziekenhuis (het)	hastane	[hastane]
benzinestation (het)	benzin istasyonu	[benzin istasjonu]
parking (de)	park yeri	[park jeri]

55. Borden

gevelreclame (de)	levha	[levha]
opschrift (het)	yazı	[jazı]
poster (de)	poster, afiş	[poster], [afiʃ]
wegwijzer (de)	işaret	[iʃaret]
pijl (de)	ok	[ok]
waarschuwing (verwittiging)	ikaz, uyarı	[ikaz], [ujarı]
waarschuwingsbord (het)	uyarı	[ujarı]
waarschuwen (ww)	uyarmak	[ujarmak]
vrije dag (de)	tatil günü	[tatil gyny]

| dienstregeling (de) | tarife | [tarife] |
| openingsuren (mv.) | çalışma saatleri | [tʃalıʃma saatleri] |

WELKOM!	HOŞ GELDİNİZ	[hoʃ geldiniz]
INGANG	GİRİŞ	[giriʃ]
UITGANG	ÇIKIŞ	[tʃıkıʃ]

DUWEN	İTİNİZ	[itiniz]
TREKKEN	ÇEKİNİZ	[tʃekiniz]
OPEN	AÇIK	[atʃık]
GESLOTEN	KAPALI	[kapalı]

| DAMES | BAYAN | [bajan] |
| HEREN | BAY | [baj] |

KORTING	İNDİRİM	[indirim]
UITVERKOOP	UCUZLUK	[udʒuzluk]
NIEUW!	YENİ	[jeni]
GRATIS	BEDAVA	[bedava]

PAS OP!	DİKKAT!	[dikkat]
VOLGEBOEKT	BOŞ YER YOK	[boʃ jer jok]
GERESERVEERD	REZERVE	[rezerve]

| ADMINISTRATIE | MÜDÜR | [mydyr] |
| ALLEEN VOOR PERSONEEL | PERSONEL HARİCİ GİREMEZ | [personel haridʒi giremez] |

GEVAARLIJKE HOND	DİKKAT KÖPEK VAR	[dikkat køpek var]
VERBODEN TE ROKEN!	SİGARA İÇİLMEZ	[sigara itʃilmez]
NIET AANRAKEN!	DOKUNMAK YASAKTIR	[dokunmak jasaktır]

GEVAARLIJK	TEHLİKELİ	[tøhlikoli]
GEVAAR	TEHLİKE	[tehlike]
HOOGSPANNING	YÜKSEK GERİLİM	[juksek gerilim]
VERBODEN TE ZWEMMEN	SUYA GİRMEK YASAKTIR	[suja girmek jasaktır]
BUITEN GEBRUIK	HİZMET DIŞI	[hizmet dıʃı]

ONTVLAMBAAR	YANICI MADDE	[janidʒi madde]
VERBODEN	YASAKTIR	[jasaktır]
DOORGANG VERBODEN	GİRMEK YASAKTIR	[girmek jasaktır]
OPGELET PAS GEVERFD	DİKKAT ISLAK BOYA	[dikkat ıslak boja]

56. Stedelijk vervoer

bus, autobus (de)	otobüs	[otobys]
tram (de)	tramvay	[tramvaj]
trolleybus (de)	troleybüs	[trolejbys]
route (de)	rota	[rota]
nummer (busnummer, enz.)	numara	[numara]

rijden met ...	... gitmek	[gitmek]
stappen (in de bus ~)	... binmek	[binmek]
afstappen (ww)	... inmek	[inmek]

halte (de)	durak	[durak]
volgende halte (de)	sonraki durak	[sonraki durak]
eindpunt (het)	son durak	[son durak]
dienstregeling (de)	tarife	[tarife]
wachten (ww)	beklemek	[beklemek]

| kaartje (het) | bilet | [bilet] |
| reiskosten (de) | bilet fiyatı | [bilet fijatı] |

kassier (de)	kasiyer	[kasijer]
kaartcontrole (de)	bilet kontrolü	[bilet kontroly]
controleur (de)	kondüktör	[kondyktør]

te laat zijn (ww)	gecikmek	[gedʒikmek]
missen (de bus ~)	... kaçırmak	[katʃırmak]
zich haasten (ww)	acele etmek	[adʒele etmek]

taxi (de)	taksi	[taksi]
taxichauffeur (de)	taksici	[taksidʒi]
met de taxi (bw)	taksiyle	[taksijle]
taxistandplaats (de)	taksi durağı	[taksi duraı]
een taxi bestellen	taksi çağırmak	[taksi tʃaırmak]
een taxi nemen	taksi tutmak	[taksi tutmak]

verkeer (het)	trafik	[trafik]
file (de)	trafik sıkışıklığı	[trafik sıkıʃıklı:ı]
spitsuur (het)	bitirim ikili	[bitirim ikili]
parkeren (on.ww.)	park etmek	[park etmek]
parkeren (ov.ww.)	park etmek	[park etmek]
parking (de)	park yeri	[park jeri]

metro (de)	metro	[metro]
halte (bijv. kleine treinhalte)	istasyon	[istasjon]
de metro nemen	metroya binmek	[metroja binmek]
trein (de)	tren	[tren]
station (treinstation)	istasyon	[istasjon]

57. Bezienswaardigheden

monument (het)	anıt	[anıt]
vesting (de)	kale	[kale]
paleis (het)	saray	[saraj]
kasteel (het)	şato	[ʃato]
toren (de)	kule	[kule]
mausoleum (het)	anıtkabir	[anıtkabir]

architectuur (de)	mimarlık	[mimarlık]
middeleeuws (bn)	ortaçağ	[ortatʃaa]
oud (bn)	antik, eski	[antik], [eski]
nationaal (bn)	milli	[milli]
bekend (bn)	meşhur	[meʃhur]

| toerist (de) | turist | [turist] |
| gids (de) | rehber | [rehber] |

rondleiding (de)	gezi	[gezi]
tonen (ww)	göstermek	[gøstermek]
vertellen (ww)	anlatmak	[anlatmak]

vinden (ww)	bulmak	[bulmak]
verdwalen (de weg kwijt zijn)	kaybolmak	[kajbolmak]
plattegrond (~ van de metro)	şema	[ʃema]
plattegrond (~ van de stad)	plan	[plan]

souvenir (het)	hediye	[hedije]
souvenirwinkel (de)	hediyelik eşya mağazası	[hedijelik eʃja maazası]
foto's maken	fotoğraf çekmek	[fotoraf tʃekmek]
zich laten fotograferen	fotoğraf çektirmek	[fotoraf tʃektirmek]

58. Winkelen

kopen (ww)	satın almak	[satın almak]
aankoop (de)	satın alınan şey	[satın alınan ʃej]
winkelen (ww)	alışverişe gitmek	[alıʃveriʃe gitmek]
winkelen (het)	alışveriş	[alıʃveriʃ]

| open zijn (ov. een winkel, enz.) | çalışmak | [tʃalıʃmak] |
| gesloten zijn (ww) | kapanmak | [kapanmak] |

schoeisel (het)	ayakkabı	[ajakkabı]
kleren (mv.)	elbise	[elbise]
cosmetica (mv.)	kozmetik	[kozmetik]
voedingswaren (mv.)	gıda ürünleri	[gıda jurynleri]
geschenk (het)	hediye	[hedije]

| verkoper (de) | satıcı | [satıdʒı] |
| verkoopster (de) | satıcı kadın | [satıdʒı kadın] |

kassa (de)	kasa	[kasa]
spiegel (de)	ayna	[ajna]
toonbank (de)	tezgâh	[tezgjah]
paskamer (de)	deneme kabini	[deneme kabini]

aanpassen (ww)	prova yapmak	[prova japmak]
passen (ov. kleren)	uymak	[ujmak]
bevallen (prettig vinden)	hoşlanmak	[hoʃlanmak]

prijs (de)	fiyat	[fijat]
prijskaartje (het)	fiyat etiketi	[fijat etiketleri]
kosten (ww)	değerinde olmak	[deerinde olmak]
Hoeveel?	Kaç?	[katʃ]
korting (de)	indirim	[indirim]

niet duur (bn)	masrafsız	[masrafsıs]
goedkoop (bn)	ucuz	[udʒuz]
duur (bn)	pahalı	[pahalı]
Dat is duur.	bu pahalıdır	[bu pahalıdır]
verhuur (de)	kira	[kira]

huren (smoking, enz.)	kiralamak	[kiralamak]
krediet (het)	kredi	[kredi]
op krediet (bw)	krediyle	[kredijle]

59. Geld

geld (het)	para	[para]
ruil (de)	kambiyo	[kambijo]
koers (de)	kur	[kur]
geldautomaat (de)	bankamatik	[bankamatik]
muntstuk (de)	para	[para]

| dollar (de) | dolar | [dolar] |
| euro (de) | Euro | [juro] |

lire (de)	liret	[liret]
Duitse mark (de)	Alman markı	[alman markı]
frank (de)	frank	[frank]
pond sterling (het)	İngiliz sterlini	[ingiliz sterlini]
yen (de)	yen	[jen]

schuld (geldbedrag)	borç	[bortʃ]
schuldenaar (de)	borçlu	[bortʃlu]
uitlenen (ww)	borç vermek	[bortʃ vermek]
lenen (geld ~)	borç almak	[bortʃ almak]

bank (de)	banka	[banka]
bankrekening (de)	hesap	[hesap]
op rekening storten	para yatırmak	[para jatırmak]
opnemen (ww)	hesaptan çekmek	[hesaptan tʃekmek]

kredietkaart (de)	kredi kartı	[kredi kartı]
baar geld (het)	nakit para	[nakit para]
cheque (de)	çek	[tʃek]
een cheque uitschrijven	çek yazmak	[tʃek jazmak]
chequeboekje (het)	çek defteri	[tʃek defteri]

portefeuille (de)	cüzdan	[dʒyzdan]
geldbeugel (de)	para cüzdanı	[para dʒyzdanı]
safe (de)	para kasası	[para kasası]

erfgenaam (de)	mirasçı	[mirastʃı]
erfenis (de)	miras	[miras]
fortuin (het)	varlık	[varlık]

huur (de)	kira	[kira]
huurprijs (de)	ev kirası	[ev kirası]
huren (huis, kamer)	kiralamak	[kiralamak]

prijs (de)	fiyat	[fijat]
kostprijs (de)	maliyet	[malijet]
som (de)	toplam	[toplam]
uitgeven (geld besteden)	harcamak	[hardʒamak]
kosten (mv.)	masraflar	[masraflar]

bezuinigen (ww)	idareli kullanmak	[idareli kullanmak]
zuinig (bn)	tutumlu	[tutumlu]
betalen (ww)	ödemek	[ødemek]
betaling (de)	ödeme	[ødeme]
wisselgeld (het)	para üstü	[para justy]
belasting (de)	vergi	[vergi]
boete (de)	ceza	[dʒeza]
beboeten (bekeuren)	ceza kesmek	[dʒeza kesmek]

60. Post. Postkantoor

postkantoor (het)	postane	[postane]
post (de)	posta	[posta]
postbode (de)	postacı	[postadʒı]
openingsuren (mv.)	çalışma saatleri	[tʃalıʃma saatleri]
brief (de)	mektup	[mektup]
aangetekende brief (de)	taahhütlü mektup	[ta:hhytly mektup]
briefkaart (de)	kart	[kart]
telegram (het)	telgraf	[telgraf]
postpakket (het)	koli	[koli]
overschrijving (de)	para havalesi	[para havalesi]
ontvangen (ww)	almak	[almak]
sturen (zenden)	göndermek	[gøndermek]
verzending (de)	gönderme	[gønderme]
adres (het)	adres	[adres]
postcode (de)	endeks, indeks	[endeks], [indeks]
verzender (de)	gönderen	[gønderen]
ontvanger (de)	alıcı	[alıdʒı]
naam (de)	ad, isim	[ad], [isim]
achternaam (de)	soyadı	[sojadı]
tarief (het)	tarife	[tarife]
standaard (bn)	normal	[normal]
zuinig (bn)	ekonomik	[ekonomik]
gewicht (het)	ağırlık	[aırlık]
afwegen (op de weegschaal)	tartmak	[tartmak]
envelop (de)	zarf	[zarf]
postzegel (de)	pul	[pul]

Woning. Huis. Thuis

61. Huis. Elektriciteit

elektriciteit (de)	elektrik	[elektrik]
lamp (de)	ampul	[ampul]
schakelaar (de)	elektrik düğmesi	[elektrik dyjmesi]
zekering (de)	sigorta	[sigorta]
draad (de)	tel	[tel]
bedrading (de)	elektrik hatları	[elektrik hatları]
elektriciteitsmeter (de)	elektrik sayacı	[elektrik sajaʤı]
gegevens (mv.)	gösterge değeri	[gøsterge deeri]

62. Villa. Herenhuis

landhuisje (het)	kır evi	[kır evi]
villa (de)	villâ	[villâ]
vleugel (de)	kanat	[kanat]
tuin (de)	bahçe	[bahtʃe]
park (het)	park	[park]
oranjerie (de)	limonluk	[limonlyk]
onderhouden (tuin, enz.)	bakmak	[bakmak]
zwembad (het)	havuz	[havuz]
gym (het)	spor salonu	[spor salonu]
tennisveld (het)	tenis kortu	[tenis kortu]
bioscoopkamer (de)	ev sinema salonu	[ev sinema salonu]
garage (de)	garaj	[garaʒ]
privé-eigendom (het)	özel mülkiyet	[øzel mylkijet]
eigen terrein (het)	özel arsa	[øzel arsa]
waarschuwing (de)	ikaz	[ikaz]
waarschuwingsbord (het)	ikaz yazısı	[ikaz jazısı]
bewaking (de)	güvenlik	[gyvenlik]
bewaker (de)	güvenlik görevlisi	[gyvenlik gørevlisı]
inbraakalarm (het)	hırsız alarmı	[hırsız alarmı]

63. Appartement

appartement (het)	daire	[daire]
kamer (de)	oda	[oda]
slaapkamer (de)	yatak odası	[jatak odası]

T&P Books. Thematische woordenschat Nederlands-Turks - 5000 woorden

eetkamer (de)	yemek odası	[jemek odası]
salon (de)	misafir odası	[misafir odası]
studeerkamer (de)	çalışma odası	[ʧalıʃma odası]
gang (de)	antre	[antre]
badkamer (de)	banyo odası	[banjo odası]
toilet (het)	tuvalet	[tuvalet]
plafond (het)	tavan	[tavan]
vloer (de)	taban, yer	[taban], [jer]
hoek (de)	köşesi	[køʃesi]

64. Meubels. Interieur

meubels (mv.)	mobilya	[mobilja]
tafel (de)	masa	[masa]
stoel (de)	sandalye	[sandalje]
bed (het)	yatak	[jatak]
bankstel (het)	kanape	[kanape]
fauteuil (de)	koltuk	[koltuk]
boekenkast (de)	kitaplık	[kitaplık]
boekenrek (het)	kitap rafı	[kitap rafı]
kledingkast (de)	elbise dolabı	[elbise dolabı]
kapstok (de)	duvar askısı	[duvar askısı]
staande kapstok (de)	portmanto	[portmanto]
commode (de)	komot	[komot]
salontafeltje (het)	sehpa	[sehpa]
spiegel (de)	ayna	[ajna]
tapijt (het)	halı	[halı]
tapijtje (het)	kilim	[kilim]
haard (de)	şömine	[ʃømine]
kaars (de)	mum	[mum]
kandelaar (de)	mumluk	[mumluk]
gordijnen (mv.)	perdeler	[perdler]
behang (het)	duvar kağıdı	[duvar kaıdı]
jaloezie (de)	jaluzi	[ʒalyzi]
bureaulamp (de)	masa lambası	[masa lambası]
wandlamp (de)	lamba	[lamba]
staande lamp (de)	ayaklı lamba	[ajaklı lamba]
luchter (de)	avize	[avize]
poot (ov. een tafel, enz.)	ayak	[ajak]
armleuning (de)	kol	[kol]
rugleuning (de)	arkalık	[arkalık]
la (de)	çekmece	[ʧekmedʒe]

65. Beddengoed

beddengoed (het)	çamaşır	[tʃamaʃır]
kussen (het)	yastık	[jastık]
kussenovertrek (de)	yastık kılıfı	[jastık kılıfı]
deken (de)	battaniye	[battanije]
laken (het)	çarşaf	[tʃarʃaf]
sprei (de)	örtü	[ørty]

66. Keuken

keuken (de)	mutfak	[mutfak]
gas (het)	gaz	[gaz]
gasfornuis (het)	gaz sobası	[gaz sobası]
elektrisch fornuis (het)	elektrik ocağı	[elektrik odʒaı]
oven (de)	fırın	[fırın]
magnetronoven (de)	mikrodalga fırın	[mikrodalga fırın]
koelkast (de)	buzdolabı	[buzdolabı]
diepvriezer (de)	derin dondurucu	[derin dondurudʒu]
vaatwasmachine (de)	bulaşık makinesi	[bulaʃık makinesi]
vleesmolen (de)	kıyma makinesi	[kıjma makinesi]
vruchtenpers (de)	meyve sıkacağı	[mejve sıkadʒaı]
toaster (de)	tost makinesi	[tost makinesi]
mixer (de)	mikser	[mikser]
koffiemachine (de)	kahve makinesi	[kahve makinesi]
koffiepot (de)	cezve	[dʒezve]
koffiemolen (de)	kahve değirmeni	[kahve deirmeni]
fluitketel (de)	çaydanlık	[tʃajdanlık]
theepot (de)	demlik	[demlik]
deksel (de/het)	kapak	[kapak]
theezeefje (het)	süzgeci	[syzgedʒi]
lepel (de)	kaşık	[kaʃık]
theelepeltje (het)	çay kaşığı	[tʃaj kaʃı:ı]
eetlepel (de)	yemek kaşığı	[jemek kaʃı:ı]
vork (de)	çatal	[tʃatal]
mes (het)	bıçak	[bıtʃak]
vaatwerk (het)	mutfak gereçleri	[mutfak geretʃleri]
bord (het)	tabak	[tabak]
schoteltje (het)	fincan tabağı	[findʒan tabaı]
likeurglas (het)	kadeh	[kade]
glas (het)	bardak	[bardak]
kopje (het)	fincan	[findʒan]
suikerpot (de)	şekerlik	[ʃekerlik]
zoutvat (het)	tuzluk	[tuzluk]
pepervat (het)	biberlik	[biberlik]

boterschaaltje (het)	tereyağı tabağı	[terejaı tabaı]
pan (de)	tencere	[tendʒere]
bakpan (de)	tava	[tava]
pollepel (de)	kepçe	[keptʃe]
vergiet (de/het)	süzgeç	[syzgetʃ]
dienblad (het)	tepsi	[tepsi]

fles (de)	şişe	[ʃiʃe]
glazen pot (de)	kavanoz	[kavanoz]
blik (conserven~)	teneke	[teneke]

flesopener (de)	şişe açacağı	[ʃiʃe atʃadʒaı]
blikopener (de)	konserve açacağı	[konserve atʃadʒaı]
kurkentrekker (de)	tirbuşon	[tirbyʃon]
filter (de/het)	filtre	[filtre]
filteren (ww)	filtre etmek	[filtre etmek]

| huisvuil (het) | çöp | [tʃøp] |
| vuilnisemmer (de) | çöp kovası | [tʃøp kovası] |

67. Badkamer

badkamer (de)	banyo odası	[banjo odası]
water (het)	su	[su]
kraan (de)	musluk	[musluk]
warm water (het)	sıcak su	[sıdʒak su]
koud water (het)	soğuk su	[souk su]

tandpasta (de)	diş macunu	[diʃ madʒunu]
tanden poetsen (ww)	dişlerini fırçalamak	[diʃlerini fırtʃalamak]
tandenborstel (de)	diş fırçası	[diʃ fırtʃacı]

zich scheren (ww)	tıraş olmak	[tıraʃ olmak]
scheercrème (de)	tıraş köpüğü	[tıraʃ køpyy]
scheermes (het)	jilet	[ʒilet]

wassen (ww)	yıkamak	[jıkamak]
een bad nemen	yıkanmak	[jıkanmak]
douche (de)	duş	[duʃ]
een douche nemen	duş almak	[duʃ almak]

bad (het)	banyo	[banjo]
toiletpot (de)	klozet	[klozet]
wastafel (de)	küvet	[kyvet]

| zeep (de) | sabun | [sabun] |
| zeepbakje (het) | sabunluk | [sabunluk] |

spons (de)	sünger	[synger]
shampoo (de)	şampuan	[ʃampuan]
handdoek (de)	havlu	[havlu]
badjas (de)	bornoz	[bornoz]
was (bijv. handwas)	çamaşır yıkama	[tʃamaʃır jıkama]
wasmachine (de)	çamaşır makinesi	[tʃamaʃır makinesi]

T&P Books. Thematische woordenschat Nederlands-Turks - 5000 woorden

| de was doen | çamaşırları yıkamak | [tʃamaʃırları jıkamak] |
| waspoeder (de) | çamaşır deterjanı | [tʃamaʃır deterʒanı] |

68. Huishoudelijke apparaten

televisie (de)	televizyon	[televizjon]
cassettespeler (de)	teyp	[tejp]
videorecorder (de)	video	[video]
radio (de)	radyo	[radjo]
speler (de)	çalar	[tʃalar]

videoprojector (de)	projeksiyon makinesi	[proʒeksion makinesi]
home theater systeem (het)	ev sinema	[evj sinema]
DVD-speler (de)	DVD oynatıcı	[dividi ojnatıdʒı]
versterker (de)	amplifikatör	[amplifikatør]
spelconsole (de)	oyun konsolu	[ojun konsolu]

videocamera (de)	video kamera	[videokamera]
fotocamera (de)	fotoğraf makinesi	[fotoraf makinesi]
digitale camera (de)	dijital fotoğraf makinesi	[diʒital fotoraf makinesi]

stofzuiger (de)	elektrik süpürgesi	[elektrik sypyrgesi]
strijkijzer (het)	ütü	[yty]
strijkplank (de)	ütü masası	[yty masası]

telefoon (de)	telefon	[telefon]
mobieltje (het)	cep telefonu	[dʒep telefonu]
schrijfmachine (de)	daktilo	[daktilo]
naaimachine (de)	dikiş makinesi	[dikiʃ makinesi]

microfoon (de)	mikrofon	[mikrofon]
koptelefoon (de)	kulaklık	[kulaklık]
afstandsbediening (de)	uzaktan kumanda	[uzaktan kumanda]

CD (de)	CD	[sidi]
cassette (de)	teyp kaseti	[tejp kaseti]
vinylplaat (de)	vinil plak	[vinil plak]

MENSELIJKE ACTIVITEITEN

Baan. Business. Deel 1

69. Kantoor. Op kantoor werken

kantoor (het)	ofis	[ofis]
kamer (de)	ofis, büro	[ofis], [byro]
receptie (de)	resepsiyon	[resepsijon]
secretaris (de)	sekreter	[sekreter]
directeur (de)	müdür	[mydyr]
manager (de)	menejer	[menedʒer]
boekhouder (de)	muhasebeci	[muhasebedʒi]
werknemer (de)	eleman, görevli	[eleman], [gørevli]
meubilair (het)	mobilya	[mobilja]
tafel (de)	masa	[masa]
bureaustoel (de)	koltuk	[koltuk]
ladeblok (het)	keson	[keson]
kapstok (de)	portmanto	[portmanto]
computer (de)	bilgisayar	[bilgisajar]
printer (de)	yazıcı	[jazıdʒı]
fax (de)	faks	[faks]
kopieerapparaat (het)	fotokopi makinesi	[fotokopi makinesi]
papier (het)	kağıt	[kaıt]
kantoorartikelen (mv.)	kırtasiye	[kırtasije]
muismat (de)	fare altlığı	[fare altlı:ı]
blad (het)	kağıt	[kaıt]
ordner (de)	dosya	[dosja]
catalogus (de)	katalog	[katalog]
telefoongids (de)	kılavuz	[kılavuz]
documentatie (de)	belgeler	[belgeler]
brochure (de)	broşür	[broʃyr]
flyer (de)	beyanname	[bejanname]
monster (het), staal (de)	numune	[numune]
training (de)	eğitim toplantısı	[eitim toplantısı]
vergadering (de)	toplantı	[toplantı]
lunchpauze (de)	öğle paydosu	[ø:le pajdosu]
een kopie maken	kopya yapmak	[kopja japmak]
de kopieën maken	çoğaltmak	[tʃoaltmak]
een fax ontvangen	faks almak	[faks almak]
een fax versturen	faks çekmek	[faks tʃekmek]
opbellen (ww)	telefonla aramak	[telefonla aramak]

| antwoorden (ww) | cevap vermek | [dʒevap vermek] |
| doorverbinden (ww) | bağlamak | [baalamak] |

afspreken (ww)	ayarlamak	[ajarlamak]
demonstreren (ww)	göstermek	[gøstermek]
absent zijn (ww)	bulunmamak	[bulunmamak]
afwezigheid (de)	bulunmama	[bulunmama]

70. Bedrijfsprocessen. Deel 1

bedrijf (business)	işletme	[iʃletme]
zaak (de), beroep (het)	meslek, iş	[meslek], [iʃ]
firma (de)	firma	[firma]
bedrijf (maatschap)	şirket	[ʃirket]
corporatie (de)	kurum, kuruluş	[kurum], [kuruluʃ]
onderneming (de)	şirket, girişim	[ʃirket], [giriʃim]
agentschap (het)	acente, ajans	[adʒente], [aʒans]

overeenkomst (de)	anlaşma	[anlaʃma]
contract (het)	kontrat	[kontrat]
transactie (de)	anlaşma	[anlaʃma]
bestelling (de)	sipariş	[sipariʃ]
voorwaarde (de)	şart	[ʃart]

in het groot (bw)	toptan	[toptan]
groothandels- (abn)	toptan olarak	[toptan olarak]
groothandel (de)	toptan satış	[toptan satıʃ]
kleinhandels- (abn)	perakende	[perakende]
kleinhandel (de)	perakende satış	[perakende satıʃ]

concurrent (de)	rakip	[rakip]
concurrentie (de)	rekabet	[rekabet]
concurreren (ww)	rekabet etmek	[rekabet etmek]

| partner (de) | ortak | [ortak] |
| partnerschap (het) | ortaklık | [ortaklık] |

crisis (de)	kriz	[kriz]
bankroet (het)	iflâs	[iflas]
bankroet gaan (ww)	iflâs etmek	[iflas etmek]
moeilijkheid (de)	zorluk	[zorluk]
probleem (het)	problem	[problem]
catastrofe (de)	felâket	[felaket]

economie (de)	ekonomi	[ekonomi]
economisch (bn)	ekonomik	[ekonomik]
economische recessie (de)	ekonomik gerileme	[ekonomik gerileme]

| doel (het) | amaç | [amatʃ] |
| taak (de) | görev | [gørev] |

handelen (handel drijven)	ticaret yapmak	[tidʒaret japmak]
netwerk (het)	zinciri	[zindʒiri]
voorraad (de)	stok	[stok]

assortiment (het)	çeşitlilik	[tʃeʃitlilik]
leider (de)	lider	[lider]
groot (bn)	iri	[iri]
monopolie (het)	tekel	[tekel]
theorie (de)	teori	[teori]
praktijk (de)	pratik	[pratik]
ervaring (de)	tecrübe	[tedʒrybe]
tendentie (de)	eğilim	[eilim]
ontwikkeling (de)	gelişme	[geliʃme]

71. Bedrijfsprocessen. Deel 2

voordeel (het)	kâr	[kjar]
voordelig (bn)	kârlı	[kjarlı]
delegatie (de)	delegasyon	[delegasjon]
salaris (het)	maaş	[maaʃ]
corrigeren (fouten ~)	düzeltmek	[dyzeltmek]
zakenreis (de)	iş gezisi	[iʃ gezisi]
commissie (de)	komisyon	[komisjon]
controleren (ww)	kontrol etmek	[kontrol etmek]
conferentie (de)	konferans	[konferans]
licentie (de)	lisans	[lisans]
betrouwbaar (partner, enz.)	güvenilir	[gyvenilir]
aanzet (de)	girişim	[girʃim]
norm (bijv. ~ stellen)	norm	[norm]
omstandigheid (de)	olay, durum	[olaj], [durum]
taak, plicht (de)	görev	[gørov]
organisatie (bedrijf, zaak)	şirket	[ʃirket]
organisatie (proces)	organize etme	[organize etme]
georganiseerd (bn)	organize edilmiş	[organize edilmiʃ]
afzegging (de)	iptal	[iptal]
afzeggen (ww)	iptal etmek	[iptal etmek]
verslag (het)	rapor	[rapor]
patent (het)	patent	[patent]
patenteren (ww)	patentini almak	[patentini almak]
plannen (ww)	planlamak	[planlamak]
premie (de)	prim	[prim]
professioneel (bn)	profesyonel	[profesjonel]
procedure (de)	prosedür	[prosedyr]
onderzoeken (contract, enz.)	gözden geçirmek	[gøzden getʃirmek]
berekening (de)	hesap	[hesap]
reputatie (de)	ün, nam	[yn], [nam]
risico (het)	risk	[risk]
beheren (managen)	yönetmek	[jønetmek]
informatie (de)	bilgi	[bilgi]

eigendom (bezit)	mülkiyet	[mylkijet]
unie (de)	birlik	[birlik]
levensverzekering (de)	hayat sigortası	[hajat sigortası]
verzekeren (ww)	sigorta ettirmek	[sigorta ettirmek]
verzekering (de)	sigorta	[sigorta]
veiling (de)	açık artırma	[atʃık artırma]
verwittigen (ww)	bildirmek	[bildirmek]
beheer (het)	yönetim	[jønetim]
dienst (de)	hizmet	[hizmet]
forum (het)	forum	[forum]
functioneren (ww)	işlemek	[iʃlemek]
stap, etappe (de)	aşama	[aʃama]
juridisch (bn)	hukuki	[hukuki]
jurist (de)	hukukçu	[hukuktʃu]

72. Productie. Werken

industriële installatie (fabriek)	imalathane	[imalataane]
fabriek (de)	fabrika	[fabrika]
werkplaatsruimte (de)	atölye	[atølje]
productielocatie (de)	yapımevi	[japımevi]
industrie (de)	sanayi	[sanaji]
industrieel (bn)	sanayi	[sanaji]
zware industrie (de)	ağır sanayi	[aır sanaji]
lichte industrie (de)	hafif sanayi	[hafif sanai]
productie (de)	ürünler	[yrynler]
produceren (ww)	üretmek	[yretmek]
grondstof (de)	ham madde	[ham madde]
voorman, ploegbaas (de)	ekip başı	[ekip baʃı]
ploeg (de)	ekip	[ekip]
arbeider (de)	işçi	[iʃtʃi]
werkdag (de)	iş günü	[iʃ gyny]
pauze (de)	ara	[ara]
samenkomst (de)	toplantı	[toplantı]
bespreken (spreken over)	görüşmek	[gøryʃmek]
plan (het)	plan	[plan]
het plan uitvoeren	planı gerçekleştirmek	[planı gertʃekleʃtirmek]
productienorm (de)	istihsal normu	[istihsal normu]
kwaliteit (de)	kalite	[kalite]
controle (de)	kontrol	[kontrol]
kwaliteitscontrole (de)	kalite kontrolü	[kalite kontroly]
arbeidsveiligheid (de)	iş güvenliği	[iʃ gyvenliːi]
discipline (de)	disiplin	[disiplin]
overtreding (de)	bozma	[bozma]
overtreden (ww)	ihlal etmek	[ihlal etmek]

T&P Books. Thematische woordenschat Nederlands-Turks - 5000 woorden

staking (de)	grev	[grev]
staker (de)	grevci	[grevdʒi]
staken (ww)	grev yapmak	[grev japmak]
vakbond (de)	sendika	[sendika]

uitvinden (machine, enz.)	icat etmek	[idʒat etmek]
uitvinding (de)	icat	[idʒat]
onderzoek (het)	araştırma	[araʃtırma]
verbeteren (beter maken)	iyileştirmek	[ijileʃtirmek]
technologie (de)	teknoloji	[teknoloʒi]
technische tekening (de)	teknik resim	[teknik resim]

vracht (de)	yük	[juk]
lader (de)	yükleyici	[juklejidʒi]
laden (vrachtwagen)	yüklemek	[juklemek]
laden (het)	yükleme	[jukleme]
lossen (ww)	boşaltmak	[boʃaltmak]
lossen (het)	boşaltma	[boʃaltma]

transport (het)	ulaştırma	[ulaʃtırma]
transportbedrijf (de)	ulaştırma şirketi	[ulaʃtırma ʃirketi]
transporteren (ww)	taşımak	[taʃımak]

goederenwagon (de)	yük vagonu	[juk vagonu]
tank (bijv. ketelwagen)	sarnıç	[sarnıtʃ]
vrachtwagen (de)	kamyon	[kamjon]

machine (de)	tezgâh	[tezgjah]
mechanisme (het)	mekanizma	[mekanizma]

industrieel afval (het)	artıklar	[artıklar]
verpakking (de)	ambalajlama	[ambalaʒlama]
verpakken (ww)	ambalajlamak	[ambaʒlamak]

73. Contract. Overeenstemming

contract (het)	kontrat	[kontrat]
overeenkomst (de)	sözleşme	[søzleʃme]
bijlage (de)	ek, ilave	[ek], [ilave]

een contract sluiten	sözleşme imzalamak	[søzleʃme imzalamak]
handtekening (de)	imza	[imza]
ondertekenen (ww)	imzalamak	[imzalamak]
stempel (de)	mühür	[myhyr]

voorwerp (het) van de overeenkomst	sözleşme madde	[søzleʃme madde]
clausule (de)	madde	[madde]
partijen (mv.)	taraflar	[taraflar]
vestigingsadres (het)	resmi adres	[resmi adres]

het contract verbreken (overtreden)	sözleşmeyi ihlal etmek	[søzleʃmeji ihlal etmek]
verplichting (de)	yükümlülük	[jukymlylyk]

verantwoordelijkheid (de)	sorumluluk	[sorumluluk]
overmacht (de)	fors majör	[fors maʒør]
geschil (het)	tartışma	[tartıʃma]
sancties (mv.)	cezalar	[dʒezalar]

74. Import & Export

import (de)	ithalat	[ithalat]
importeur (de)	ithalatçı	[ithalatʃı]
importeren (ww)	ithal etmek	[ithal etmek]
import- (abn)	ithal	[ithal]

uitvoer (export)	ihracat	[ihratʃat]
exporteur (de)	ihracatçı	[ihradʒatʃı]
exporteren (ww)	ihraç etmek	[ihratʃ etmek]
uitvoer- (bijv., ~goederen)	ihraç	[ihratʃ]

| goederen (mv.) | mal | [mal] |
| partij (de) | parti | [parti] |

gewicht (het)	ağırlık	[aırlık]
volume (het)	hacim	[hadʒim]
kubieke meter (de)	metre küp	[metre kyp]

producent (de)	üretici	[yretidʒi]
transportbedrijf (de)	ulaştırma şirketi	[ulaʃtırma ʃirketi]
container (de)	konteyner	[kontejner]

grens (de)	sınır	[sınır]
douane (de)	gümrük	[gymryk]
douanerecht (het)	gümrük vergisi	[gymryk vergisi]
douanier (de)	gümrükçü	[gymryktʃu]
smokkelen (het)	kaçakçılık	[katʃaktʃılık]
smokkelwaar (de)	kaçak mal	[katʃak mal]

75. Financiën

aandeel (het)	hisse senedi	[hisse senedi]
obligatie (de)	tahvil	[tahvil]
wissel (de)	senet	[senet]

| beurs (de) | borsa | [borsa] |
| aandelenkoers (de) | hisse senedi kuru | [hisse senedi kuru] |

| dalen (ww) | ucuzlamak | [udʒuzlamak] |
| stijgen (ww) | pahalanmak | [pahalanmak] |

| deel (het) | pay | [paj] |
| meerderheidsbelang (het) | çoğunluk hissesi | [tʃounluk hissesi] |

| investeringen (mv.) | yatırım | [jatırım] |
| investeren (ww) | yatırım yapmak | [jatırım japmak] |

| procent (het) | yüzde | [juzde] |
| rente (de) | faiz | [faiz] |

winst (de)	kâr	[kjar]
winstgevend (bn)	kârlı	[kjarlı]
belasting (de)	vergi	[vergi]

valuta (vreemde ~)	döviz	[døviz]
nationaal (bn)	milli	[milli]
ruil (de)	kambiyo	[kambijo]

| boekhouder (de) | muhasebeci | [muhasebedʒi] |
| boekhouding (de) | muhasebe | [muhasebe] |

bankroet (het)	batkı, iflâs	[batkı], [iflas]
ondergang (de)	batma	[batma]
faillissement (het)	iflâs	[iflas]
geruïneerd zijn (ww)	iflâs etmek	[iflas etmek]
inflatie (de)	enflasyon	[enflasjon]
devaluatie (de)	devalüasyon	[devalyasjon]

kapitaal (het)	sermaye	[sermaje]
inkomen (het)	gelir	[gelir]
omzet (de)	muamele	[muamele]
middelen (mv.)	kaynaklar	[kajnaklar]
financiële middelen (mv.)	finansal kaynaklar	[finansal kajnaklar]
operationele kosten (mv.)	sabit masraflar	[sabit masraflar]
reduceren (kosten ~)	azaltmak	[azaltmak]

76. Marketing

marketing (de)	pazarlama	[pazarlama]
markt (de)	piyasa	[pijasa]
marktsegment (het)	pazar dilimi	[pazar dilimi]
product (het)	ürün	[yryn]
goederen (mv.)	mal	[mal]

merk (het)	marka	[marka]
handelsmerk (het)	ticari marka	[tidʒari marka]
beeldmerk (het)	logo, işaret	[logo], [iʃaret]
logo (het)	logo	[logo]
vraag (de)	talep	[talep]
aanbod (het)	teklif	[teklif]
behoefte (de)	ihtiyaç	[ihtijatʃ]
consument (de)	tüketici	[tyketidʒi]

analyse (de)	analiz	[analiz]
analyseren (ww)	analiz etmek	[analiz etmek]
positionering (de)	konumlandırma	[konumlandırma]
positioneren (ww)	konumlandırmak	[konumlandırmak]

prijs (de)	fiyat	[fijat]
prijspolitiek (de)	fiyat politikası	[fijat politikası]
prijsvorming (de)	fiyat tespiti	[fijat tespiti]

77. Reclame

reclame (de)	reklam	[reklam]
adverteren (ww)	reklam yapmak	[reklam japmak]
budget (het)	bütçe	[bytʃe]
advertentie, reclame (de)	reklam	[reklam]
TV-reclame (de)	televizyon reklamı	[televizjon reklamı]
radioreclame (de)	radyo reklamı	[radjo reklamı]
buitenreclame (de)	dış reklam	[dıʃ reklam]
massamedia (de)	kitle iletişim	[kitle iletiʃim]
periodiek (de)	süreli yayın	[syreli jajın]
imago (het)	imaj	[imaʒ]
slagzin (de)	reklâm sloganı	[reklam sloganı]
motto (het)	slogan, parola	[slogan], [parola]
campagne (de)	kampanya	[kampanja]
reclamecampagne (de)	reklam kampanyası	[reklam kampanjası]
doelpubliek (het)	hedef kitle	[hedef kitle]
visitekaartje (het)	kartvizit	[kartvizit]
flyer (de)	beyanname	[bejanname]
brochure (de)	broşür	[broʃyr]
folder (de)	kitapçık	[kitaptʃık]
nieuwsbrief (de)	bülten	[bylten]
gevelreclame (de)	levha	[levha]
poster (de)	poster, afiş	[poster], [afiʃ]
aanplakbord (het)	reklam panosu	[reklam panosu]

78. Bankieren

bank (de)	banka	[banka]
bankfiliaal (het)	banka şubesi	[banka ʃubesı]
bankbediende (de)	danışman	[danıʃman]
manager (de)	yönetici	[jønetidʒi]
bankrekening (de)	hesap	[hesap]
rekeningnummer (het)	hesap numarası	[hesap numarası]
lopende rekening (de)	çek hesabı	[tʃek hesabı]
spaarrekening (de)	mevduat hesabı	[mevduat hesabı]
een rekening openen	hesap açmak	[hesap atʃmak]
de rekening sluiten	hesap kapatmak	[hesap kapatmak]
op rekening storten	para yatırmak	[para jatırmak]
opnemen (ww)	hesaptan çekmek	[hesaptan tʃekmek]
storting (de)	mevduat	[mevduat]
een storting maken	depozito vermek	[depozito vermek]
overschrijving (de)	havale	[havale]

een overschrijving maken	havale etmek	[havale etmek]
som (de)	toplam	[toplam]
Hoeveel?	Kaç?	[katʃ]
handtekening (de)	imza	[imza]
ondertekenen (ww)	imzalamak	[imzalamak]
kredietkaart (de)	kredi kartı	[kredi kartı]
code (de)	kod	[kod]
kredietkaartnummer (het)	kredi kartı numarası	[kredi kartı numarası]
geldautomaat (de)	bankamatik	[bankamatik]
cheque (de)	çek	[tʃek]
een cheque uitschrijven	çek yazmak	[tʃek jazmak]
chequeboekje (het)	çek defteri	[tʃek defteri]
lening, krediet (de)	kredi	[kredi]
een lening aanvragen	krediye başvurmak	[kredije baʃvurmak]
een lening nemen	kredi almak	[kredi almak]
een lening verlenen	kredi vermek	[kredi vermek]
garantie (de)	garanti	[garanti]

79. Telefoon. Telefoongesprek

telefoon (de)	telefon	[telefon]
mobieltje (het)	cep telefonu	[dʒep telefonu]
antwoordapparaat (het)	telesekreter	[telesekreter]
bellen (ww)	telefonla aramak	[telefonla aramak]
belletje (telefoontje)	arama, görüşme	[arama], [gøryʃme]
een nummer draaien	numarayı aramak	[numarajı aramak]
Hallo!	Alo!	[alø]
vragen (ww)	sormak	[sormak]
antwoorden (ww)	cevap vermek	[dʒevap vermek]
horen (ww)	duymak	[dujmak]
goed (bw)	iyi	[iji]
slecht (bw)	kötü	[køty]
storingen (mv.)	parazit	[parazit]
hoorn (de)	telefon ahizesi	[telefon ahizesi]
opnemen (ww)	açmak telefonu	[atʃmak telefonu]
ophangen (ww)	telefonu kapatmak	[telefonu kapatmak]
bezet (bn)	meşgul	[meʃgul]
overgaan (ww)	çalmak	[tʃalmak]
telefoonboek (het)	telefon rehberi	[telefon rehberi]
lokaal (bn)	şehiriçi	[ʃehiritʃi]
interlokaal (bn)	şehirlerarası	[ʃehirlerarası]
buitenlands (bn)	uluslararası	[uluslar arası]

80. Mobiele telefoon

mobieltje (het)	cep telefonu	[dʒep telefonu]
scherm (het)	ekran	[ekran]
toets, knop (de)	düğme	[dyjme]
simkaart (de)	SIM kartı	[sim kartı]

batterij (de)	pil	[pil]
leeg zijn (ww)	bitmek	[bitmek]
acculader (de)	şarj cihazı	[ʃarʒ dʒihazı]

menu (het)	menü	[meny]
instellingen (mv.)	ayarlar	[ajarlar]
melodie (beltoon)	melodi	[melodi]
selecteren (ww)	seçmek	[setʃmek]

rekenmachine (de)	hesaplamalar	[hesaplamanar]
voicemail (de)	söz postası	[søz postası]
wekker (de)	çalar saat	[tʃalar saat]
contacten (mv.)	rehber	[rehber]

SMS-bericht (het)	SMS mesajı	[esemes mesaʒı]
abonnee (de)	abone	[abone]

81. Schrijfbehoeften

balpen (de)	tükenmez kalem	[tykenmez kalem]
vulpen (de)	dolma kalem	[dolma kalem]

potlood (het)	kurşun kalem	[kurʃun kalem]
marker (de)	fosforlu kalem	[fosforlu kalem]
viltstift (de)	keçeli kalem	[ketʃeli kalem]

notitieboekje (het)	not defteri	[not defteri]
agenda (boekje)	ajanda	[aʒanda]

liniaal (de/het)	cetvel	[dʒetvel]
rekenmachine (de)	hesap makinesi	[hesap makinesi]
gom (de)	silgi	[silgi]
punaise (de)	raptiye	[raptije]
paperclip (de)	ataş	[ataʃ]

lijm (de)	yapıştırıcı	[japıʃtırıdʒı]
nietmachine (de)	zımba	[zımba]
perforator (de)	delgeç	[delgetʃ]
potloodslijper (de)	kalemtıraş	[kalem tıraʃ]

82. Soorten bedrijven

boekhouddiensten (mv.)	muhasebe hizmetleri	[muhasebe hizmetleri]
reclame (de)	reklam	[reklam]

T&P Books. Thematische woordenschat Nederlands-Turks - 5000 woorden

reclamebureau (het)	reklam acentesi	[reklam adʒentesi]
airconditioning (de)	klimalar	[klimalar]
luchtvaartmaatschappij (de)	hava yolları şirketi	[hava jolları ʃirketi]

alcoholische dranken (mv.)	alkollü içecekler	[alkolly itʃedʒekler]
antiek (het)	antika	[antika]
kunstgalerie (de)	sanat galerisi	[sanat galerisi]
audit diensten (mv.)	muhasebe denetim servisi	[muhasebe denetim servisi]

banken (mv.)	bankacılık	[bankadʒılık]
bar (de)	bar	[bar]
schoonheidssalon (de/het)	güzellik salonu	[gyzellik salonu]
boekhandel (de)	kitabevi	[kitabevi]
bierbrouwerij (de)	bira fabrikası	[bira fabrikası]
zakencentrum (het)	iş merkezi	[iʃ merkezi]
business school (de)	ticaret okulu	[tidʒaret okulu]

casino (het)	kazino	[kazino]
bouwbedrijven (mv.)	yapı, inşaat	[japı], [inʃaat]
adviesbureau (het)	danışmanlık	[danıʃmanlık]

tandheelkunde (de)	dişçilik	[diʃtʃiklik]
design (het)	dizayn	[dizajn]
apotheek (de)	eczane	[edʒzane]
stomerij (de)	kuru temizleme	[kuru temizleme]
uitzendbureau (het)	iş bulma bürosu	[iʃ bulma byrosu]

financiële diensten (mv.)	mali hizmetler	[mali hizmetler]
voedingswaren (mv.)	gıda ürünleri	[gıda jurynleri]
uitvaartcentrum (het)	cenaze evi	[dʒenaze evi]
meubilair (het)	mobilya	[mobilja]
kleding (de)	elbise	[elbioo]
hotel (het)	otel	[otel]

ijsje (het)	dondurma	[dondurma]
industrie (de)	sanayi	[sanaji]
verzekering (de)	sigorta	[sigorta]
Internet (het)	internet	[internet]
investeringen (mv.)	yatırım	[jatırım]

juwelier (de)	mücevherci	[mydʒevherʒi]
juwelen (mv.)	mücevherat	[mydʒevherat]
wasserette (de)	çamaşırhane	[tʃamaʃırhane]
juridische diensten (mv.)	hukuk müşaviri	[hukuk myʃaviri]
lichte industrie (de)	hafif sanayi	[hafif sanai]

tijdschrift (het)	dergi	[dergi]
postorderbedrijven (mv.)	postayla satış	[postajla satıʃ]
medicijnen (mv.)	tıp	[tıp]
bioscoop (de)	sinema	[sinema]
museum (het)	müze	[myze]

persbureau (het)	haber ajansı	[haber aʒansı]
krant (de)	gazete	[gazete]
nachtclub (de)	gece kulübü	[gedʒe kulyby]

75

T&P Books. Thematische woordenschat Nederlands-Turks - 5000 woorden

olie (aardolie)	petrol	[petrol]
koerierdienst (de)	kurye acentesi	[kurje adʒentesi]
farmacie (de)	eczacılık	[edʒzadʒılık]
drukkerij (de)	basımcılık	[basımdʒılık]
uitgeverij (de)	yayınevi	[jajınevi]

radio (de)	radyo	[radjo]
vastgoed (het)	emlak	[emlak]
restaurant (het)	restoran	[restoran]

bewakingsfirma (de)	güvenlik şirketi	[gyvenlik ʃirketi]
sport (de)	spor	[spor]
handelsbeurs (de)	borsa	[borsa]
winkel (de)	mağaza, dükkan	[maaza], [dykkan]
supermarkt (de)	süpermarket	[sypermarket]
zwembad (het)	havuz	[havuz]

naaiatelier (het)	atölye	[atølje]
televisie (de)	televizyon	[televizjon]
theater (het)	tiyatro	[tijatro]
handel (de)	satış, ticaret	[satıʃ], [tidʒaret]
transport (het)	taşımacılık	[taʃımadʒılık]
toerisme (het)	turizm	[turizm]

dierenarts (de)	veteriner	[veteriner]
magazijn (het)	depo	[depo]
afvalinzameling (de)	atık toplama	[atık toplama]

Baan. Business. Deel 2

83. Show. Tentoonstelling

beurs (de)	fuar	[fuar]
vakbeurs, handelsbeurs (de)	ticari gösteri	[tidʒari gøsteri]
deelneming (de)	katılım	[katılım]
deelnemen (ww)	katılmak	[katılmak]
deelnemer (de)	katılımcı	[katılımdʒı]
directeur (de)	müdür	[mydyr]
organisatiecomité (het)	müdürlük	[mydyrlyk]
organisator (de)	düzenleyici	[dyzenlejidʒi]
organiseren (ww)	düzenlemek	[dyzenlemek]
deelnemingsaanvraag (de)	katılım formu	[katılım formu]
invullen (een formulier ~)	doldurmak	[doldurmak]
details (mv.)	detaylar	[detajlar]
informatie (de)	bilgi	[bilgi]
prijs (de)	fiyat	[fijat]
inclusief (bijv. ~ BTW)	dahil	[dahil]
inbegrepen (alles ~)	dahil etmek	[dahil etmek]
betalen (ww)	ödemek	[ødemek]
registratietarief (het)	kayıt ücreti	[kajıt ydʒreti]
ingang (de)	giriş	[giriʃ]
paviljoen (het), hal (de)	pavyon	[pavjon]
registreren (ww)	kaydetmek	[kajdetmek]
badge, kaart (de)	yaka kartı	[jaka kartı]
beursstand (de)	fuar standı	[fuar standı]
reserveren (een stand ~)	rezerve etmek	[rezerve etmek]
vitrine (de)	vitrin	[vitrin]
licht (het)	spot	[spot]
design (het)	dizayn	[dizajn]
plaatsen (ww)	yerleştirmek	[jerleʃtirmek]
distributeur (de)	distribütör	[distribytør]
leverancier (de)	üstenci	[ystendʒi]
land (het)	ülke	[ylke]
buitenlands (bn)	yabancı	[jabandʒı]
product (het)	ürün	[yryn]
associatie (de)	cemiyet	[dʒemijet]
conferentiezaal (de)	konferans salonu	[konferans salonu]
congres (het)	kongre	[kongre]

T&P Books. Thematische woordenschat Nederlands-Turks - 5000 woorden

wedstrijd (de)	yarışma	[jarıʃma]
bezoeker (de)	ziyaretçi	[zijaretʃi]
bezoeken (ww)	ziyaret etmek	[zijaret etmek]
afnemer (de)	müşteri	[myʃteri]

84. Wetenschap. Onderzoek. Wetenschappers

wetenschap (de)	bilim	[bilim]
wetenschappelijk (bn)	bilimsel, ilmi	[bilimsel], [ilmi]
wetenschapper (de)	bilim adamı	[bilim adamı]
theorie (de)	teori	[teori]

axioma (het)	aksiyom	[aksijom]
analyse (de)	analiz	[analiz]
analyseren (ww)	analiz etmek	[analiz etmek]
argument (het)	kanıt	[kanıt]
substantie (de)	madde	[madde]

hypothese (de)	hipotez	[hipotez]
dilemma (het)	ikilem	[ikilem]
dissertatie (de)	tez	[tez]
dogma (het)	dogma	[dogma]

doctrine (de)	doktrin	[doktrin]
onderzoek (het)	araştırma	[araʃtırma]
onderzoeken (ww)	araştırmak	[araʃtırmak]
toetsing (de)	deneme	[deneme]
laboratorium (het)	laboratuvar	[laboratuvar]

methode (de)	metot	[metot]
molecule (de/het)	molekül	[molekyl]
monitoring (de)	gözleme	[gøzleme]
ontdekking (de)	buluş	[buluʃ]

postulaat (het)	varsayım	[varsajım]
principe (het)	prensip	[prensip]
voorspelling (de)	tahmin	[tahmin]
een prognose maken	tahmin etmek	[tahmin etmek]

synthese (de)	sentez	[sentez]
tendentie (de)	eğilim	[eilim]
theorema (het)	teorem	[teorem]

leerstellingen (mv.)	ilke, öğreti	[ilke], [ø:reti]
feit (het)	gerçek	[gertʃek]
expeditie (de)	bilimsel gezisi	[bilimzel gezisi]
experiment (het)	deney	[denej]

academicus (de)	akademisyen	[akademisjen]
bachelor (bijv. BA, LLB)	bakalorya	[bakalorja]
doctor (de)	doktor	[doktor]
universitair docent (de)	doçent	[dotʃent]
master, magister (de)	master	[master]
professor (de)	profesör	[profesør]

Beroepen en ambachten

85. Zoeken naar werk. Ontslag

baan (de)	iş	[iʃ]
werknemers (mv.)	kadro	[kadro]
personeel (het)	personel	[personel]

carrière (de)	kariyer	[karjer]
vooruitzichten (mv.)	istikbal	[istikbal]
meesterschap (het)	ustalık	[ustalık]

keuze (de)	seçme	[setʃme]
uitzendbureau (het)	iş bulma bürosu	[iʃ bulma byrosu]
CV, curriculum vitae (het)	özet	[øzet]
sollicitatiegesprek (het)	mülakat	[mylakat]
vacature (de)	açık yer	[atʃık jer]

salaris (het)	maaş	[maaʃ]
vaste salaris (het)	sabit maaş	[sabit maaʃ]
loon (het)	ödeme	[ødeme]

betrekking (de)	görev, iş	[gørev], [iʃ]
taak, plicht (de)	görev	[gørev]
takenpakket (het)	görev listesi	[gørev listesi]
bezig (~ zijn)	meşgul	[meʃgul]

ontslagen (ww)	işten çıkarmak	[iʃten tʃıkarmak]
ontslag (het)	işten çıkarma	[iʃten tʃıkarma]

werkloosheid (de)	işsizlik	[iʃsizlik]
werkloze (de)	işsiz	[iʃsiz]
pensioen (het)	emekli maaşı	[emekli maaʃı]
met pensioen gaan	emekli olmak	[emekli olmak]

86. Zakenmensen

directeur (de)	müdür	[mydyr]
beheerder (de)	yönetici	[jønetidʒi]
hoofd (het)	yönetmen	[jønetmen]

baas (de)	şef	[ʃef]
superieuren (mv.)	şefler	[ʃefler]
president (de)	başkan	[baʃkan]
voorzitter (de)	başkan	[baʃkan]

adjunct (de)	yardımcı	[jardımdʒı]
assistent (de)	asistan	[asistan]

secretaris (de)	sekreter	[sekreter]
persoonlijke assistent (de)	özel sekreter	[øzel sekreter]
zakenman (de)	iş adamı	[iʃ adamı]
ondernemer (de)	girişimci	[giriʃimdʒi]
oprichter (de)	kurucu	[kurudʒu]
oprichten	kurmak	[kurmak]
(een nieuw bedrijf ~)		
stichter (de)	müessis	[myessis]
partner (de)	ortak	[ortak]
aandeelhouder (de)	hissedar	[hissedar]
miljonair (de)	milyoner	[miljoner]
miljardair (de)	milyarder	[miljarder]
eigenaar (de)	sahip	[sahip]
landeigenaar (de)	toprak sahibi	[toprak sahibi]
klant (de)	müşteri	[myʃteri]
vaste klant (de)	devamlı müşteri	[devamlı myʃteri]
koper (de)	alıcı, müşteri	[alıdʒı], [myʃteri]
bezoeker (de)	ziyaretçi	[zijaretʃi]
professioneel (de)	profesyonel	[profesjonel]
expert (de)	eksper	[eksper]
specialist (de)	uzman	[uzman]
bankier (de)	bankacı	[bankadʒı]
makelaar (de)	borsa simsarı	[borsa sımsarı]
kassier (de)	kasiyer	[kasijer]
boekhouder (de)	muhasebeci	[muhasebedʒi]
bewaker (de)	güvenlik görevlisi	[gyvenlik gørevlisı]
investeerder (de)	yatırımcı	[jatırımdʒı]
schuldenaar (de)	borçlu	[bortʃlu]
crediteur (de)	alacaklı	[aladʒaklı]
lener (de)	ödünç alan	[ødyntʃ alan]
importeur (de)	ithalatçı	[ithalatʃı]
exporteur (de)	ihracatçı	[ihradʒatʃı]
producent (de)	üretici	[yretidʒi]
distributeur (de)	distribütör	[distribytør]
bemiddelaar (de)	aracı	[aradʒı]
adviseur, consulent (de)	danışman	[danıʃman]
vertegenwoordiger (de)	temsilci	[temsildʒi]
agent (de)	acente, ajan	[adʒente], [aʒan]
verzekeringsagent (de)	sigorta acentesi	[sigorta adʒentesi]

87. Dienstverlenende beroepen

kok (de)	aşçı	[aʃtʃı]
chef-kok (de)	aşçıbaşı	[aʃtʃıbaʃı]

T&P Books. Thematische woordenschat Nederlands-Turks - 5000 woorden

bakker (de)	fırıncı	[fɪrɪndʒɪ]
barman (de)	barmen	[barmen]
kelner, ober (de)	garson	[garson]
serveerster (de)	kadın garson	[kadın garson]

advocaat (de)	avukat	[avukat]
jurist (de)	hukukçu	[hukuktʃu]
notaris (de)	noter	[noter]

elektricien (de)	elektrikçi	[elektriktʃi]
loodgieter (de)	tesisatçı	[tesisatʃı]
timmerman (de)	dülger	[dylger]

masseur (de)	masör	[masør]
masseuse (de)	masör	[masør]
dokter, arts (de)	doktor, hekim	[doktor], [hekim]

taxichauffeur (de)	taksici	[taksidʒi]
chauffeur (de)	şoför	[ʃofør]
koerier (de)	kurye	[kurje]

kamermeisje (het)	hizmetçi	[hizmetʃi]
bewaker (de)	güvenlik görevlisi	[gyvenlik gørevlisɪ]
stewardess (de)	hostes	[hostes]

meester (de)	öğretmen	[ø:retmen]
bibliothecaris (de)	kütüphane memuru	[kytyphane memuru]
vertaler (de)	çevirmen	[tʃevirmen]
tolk (de)	tercüman	[terdʒyman]
gids (de)	rehber	[rehber]

kapper (de)	kuaför	[kuafør]
postbode (de)	postacı	[pootadʒɪ]
verkoper (de)	satıcı	[satıdʒı]

tuinman (de)	bahçıvan	[bahtʃıvan]
huisbediende (de)	hizmetçi	[hizmetʃi]
dienstmeisje (het)	kadın hizmetçi	[kadın hizmetʃi]
schoonmaakster (de)	temizlikçi	[temizliktʃi]

88. Militaire beroepen en rangen

soldaat (rang)	er	[er]
sergeant (de)	çavuş	[tʃavuʃ]
luitenant (de)	teğmen	[teemen]
kapitein (de)	yüzbaşı	[juzbaʃı]

majoor (de)	binbaşı	[binbaʃı]
kolonel (de)	albay	[albaj]
generaal (de)	general	[general]
maarschalk (de)	mareşal	[mareʃal]
admiraal (de)	amiral	[amiral]
militair (de)	askeri	[askeri]
soldaat (de)	asker	[asker]

81

| officier (de) | subay | [subaj] |
| commandant (de) | komutan | [komutan] |

grenswachter (de)	sınır muhafızı	[sınır muhafızı]
marconist (de)	telsiz operatörü	[telsiz operatøry]
verkenner (de)	keşif eri	[keʃif eri]
sappeur (de)	istihkam eri	[istihkam eri]
schutter (de)	atıcı	[atıdʒı]
stuurman (de)	seyrüseferci	[sejryseferdʒi]

89. Ambtenaren. Priesters

| koning (de) | kral | [kral] |
| koningin (de) | kraliçe | [kralitʃe] |

| prins (de) | prens | [prens] |
| prinses (de) | prenses | [prenses] |

| tsaar (de) | çar | [tʃar] |
| tsarina (de) | çariçe | [tʃaritʃe] |

president (de)	başkan	[baʃkan]
minister (de)	bakan	[bakan]
eerste minister (de)	başbakan	[baʃbakan]
senator (de)	senatör	[senatør]

diplomaat (de)	diplomat	[diplomat]
consul (de)	konsolos	[konsolos]
ambassadeur (de)	büyükelçi	[byjukeltʃi]
adviseur (de)	danışman	[danıʃman]

ambtenaar (de)	memur	[memur]
prefect (de)	belediye başkanı	[beledije baʃkanı]
burgemeester (de)	belediye başkanı	[beledije baʃkanı]

| rechter (de) | yargıç | [jargıtʃ] |
| aanklager (de) | savcı | [savdʒı] |

missionaris (de)	misyoner	[misjoner]
monnik (de)	keşiş	[keʃiʃ]
abt (de)	başrahip	[baʃrahip]
rabbi, rabbijn (de)	haham	[haham]

vizier (de)	vezir	[vezir]
sjah (de)	şah	[ʃah]
sjeik (de)	şeyh	[ʃejh]

90. Agrarische beroepen

imker (de)	arıcı	[arıdʒı]
herder (de)	çoban	[tʃoban]
landbouwkundige (de)	tarım uzmanı	[tarım uzmanı]

veehouder (de)	hayvan besleyicisi	[hajvan beslejidʒisi]
dierenarts (de)	veteriner	[veteriner]
landbouwer (de)	çiftçi	[tʃiftʃi]
wijnmaker (de)	şarap üreticisi	[ʃarap yretidʒisi]
zoöloog (de)	zoolog	[zoolog]
cowboy (de)	kovboy	[kovboj]

91. Kunst beroepen

acteur (de)	aktör	[aktør]
actrice (de)	aktris	[aktris]
zanger (de)	şarkıcı	[ʃarkıdʒı]
zangeres (de)	şarkıcı	[ʃarkıdʒı]
danser (de)	dansçı	[danstʃı]
danseres (de)	dansöz	[dansøz]
artiest (mann.)	sanatçı	[sanatʃı]
artiest (vrouw.)	sanatçı	[sanatʃı]
muzikant (de)	müzisyen	[myzisjen]
pianist (de)	piyanocu	[pijanodʒu]
gitarist (de)	gitarcı	[gitaradʒı]
orkestdirigent (de)	orkestra şefi	[okrestra ʃefi]
componist (de)	besteci	[bestedʒi]
impresario (de)	emprezaryo	[emprezarjo]
filmregisseur (de)	yönetmen	[jønetmon]
filmproducent (de)	yapımcı	[japımdʒı]
scenarioschrijver (de)	senaryo yazarı	[senarjo jazarı]
criticus (de)	eleştirmen	[eleʃtirmen]
schrijver (de)	yazar	[jazar]
dichter (de)	şair	[ʃair]
beeldhouwer (de)	heykelci	[hejkeldʒi]
kunstenaar (de)	ressam	[ressam]
jongleur (de)	hokkabaz	[hokkabaz]
clown (de)	palyaço	[paljatʃo]
acrobaat (de)	cambaz	[dʒambaz]
goochelaar (de)	sihirbaz	[sihirbaz]

92. Verschillende beroepen

dokter, arts (de)	doktor, hekim	[doktor], [hekim]
ziekenzuster (de)	hemşire	[hemʃire]
psychiater (de)	psikiyatr	[psikijatr]
tandarts (de)	dişçi	[diʃtʃi]
chirurg (de)	cerrah	[dʒerrah]

astronaut (de) astronot [astronot]
astronoom (de) astronom [astronom]
piloot (de) pilot [pilot]

chauffeur (de) şoför [ʃofør]
machinist (de) makinist [makinist]
mecanicien (de) mekanik [mekanik]

mijnwerker (de) maden işçisi [maden iʧisi]
arbeider (de) işçi [iʃʧi]
bankwerker (de) tesisatçı [tesisatʃı]
houtbewerker (de) marangoz [marangoz]
draaier (de) tornacı [tornadʒı]
bouwvakker (de) inşaat işçisi [inʃaat iʧisı]
lasser (de) kaynakçı [kajnakʧı]

professor (de) profesör [profesør]
architect (de) mimar [mimar]
historicus (de) tarihçi [tarihʧi]
wetenschapper (de) bilim adamı [bilim adamı]
fysicus (de) fizik bilgini [fizik bilgini]
scheikundige (de) kimyacı [kimjadʒı]

archeoloog (de) arkeolog [arkeolog]
geoloog (de) jeolog [ʒeolog]
onderzoeker (de) araştırmacı [araʃtırmadʒi]

babysitter (de) çocuk bakıcısı [ʧodʒuk bakıdʒısı]
leraar, pedagoog (de) öğretmen [ø:retmen]

redacteur (de) editör [editør]
chef-redacteur (de) baş editör [baʃ editør]
correspondent (de) muhabir [muhabir]
typiste (de) daktilocu [daktilodʒu]

designer (de) dizaynı [dizajndʒı]
computerexpert (de) bilgisayarcı [bilgisajardʒı]
programmeur (de) programcı [programdʒı]
ingenieur (de) mühendis [myhendis]

matroos (de) denizci [denizdʒi]
zeeman (de) tayfa [tajfa]
redder (de) cankurtaran [dʒankurtaran]

brandweerman (de) itfaiyeci [itfajedʒi]
politieagent (de) erkek polis [erkek polis]
nachtwaker (de) bekçi [bekʧi]
detective (de) hafiye [hafije]

douanier (de) gümrükçü [gymrykʧu]
lijfwacht (de) koruma görevlisi [koruma gørevlis]
gevangenisbewaker (de) gardiyan [gardijan]
inspecteur (de) müfettiş [myfettiʃ]

sportman (de) sporcu [spordʒu]
trainer (de) antrenör [antrenør]

slager, beenhouwer (de)	kasap	[kasap]
schoenlapper (de)	ayakkabıcı	[ajakkabıdʒı]
handelaar (de)	tüccar	[tydʒar]
lader (de)	yükleyici	[juklejidʒi]
kledingstilist (de)	modelci	[modeldʒi]
model (het)	manken	[manken]

93. Beroepen. Sociale status

scholier (de)	erkek öğrenci	[erkek ø:rendʒi]
student (de)	öğrenci	[ø:rendʒi]
filosoof (de)	felsefeci	[felsefedʒi]
econoom (de)	iktisatçı	[iktisatʃı]
uitvinder (de)	mucit	[mudʒit]
werkloze (de)	işsiz	[iʃsiz]
gepensioneerde (de)	emekli	[emekli]
spion (de)	ajan, casus	[aʒan], [dʒasus]
gedetineerde (de)	tutuklu	[tutuklu]
staker (de)	grevci	[grevdʒi]
bureaucraat (de)	bürokrat	[byrokrat]
reiziger (de)	gezgin	[gezgin]
homoseksueel (de)	homoseksüel	[homoseksyel]
hacker (computerkraker)	hekır	[hekır]
bandiet (de)	haydut	[hajdut]
huurmoordenaar (de)	kiralık katil	[kiralık katil]
drugsverslaafde (de)	uyuşturucu bağımlısı	[ujuʃturudʒu baımlısı]
drugshandelaar (de)	uyuşturucu taciri	[ujuʃturudʒu tadʒiri]
prostituee (de)	fahişe	[fahiʃe]
pooier (de)	kadın tüccarı	[kadın tydʒarı]
tovenaar (de)	büyücü	[byjudʒy]
tovenares (de)	büyücü kadın	[byjudʒy kadın]
piraat (de)	korsan	[korsan]
slaaf (de)	köle	[køle]
samoerai (de)	samuray	[samuraj]
wilde (de)	vahşi	[vahʃi]

Onderwijs

94. School

school (de)	okul	[okul]
schooldirecteur (de)	okul müdürü	[okul mydyry]
leerling (de)	öğrenci	[ø:rendʒi]
leerlinge (de)	kız öğrenci	[kız ø:rendʒi]
scholier (de)	öğrenci	[ø:rendʒi]
scholiere (de)	kız öğrenci	[kız ø:rendʒi]
leren (lesgeven)	öğretmek	[ø:retmek]
studeren (bijv. een taal ~)	öğrenmek	[ø:renmek]
van buiten leren	ezberlemek	[ezberlemek]
leren (bijv. ~ tellen)	öğrenmek	[ø:renmek]
in school zijn (schooljongen zijn)	okula gitmek	[okula gitmek]
alfabet (het)	alfabe	[alfabe]
vak (schoolvak)	ders	[ders]
klaslokaal (het)	sınıf	[sınıf]
les (de)	ders	[ders]
pauze (de)	teneffüs	[teneffys]
bel (de)	zil	[zil]
schooltafel (de)	okul sırası	[okul sırası]
schoolbord (het)	kara tahta	[kara tahta]
cijfer (het)	not	[not]
goed cijfer (het)	iyi not	[iji not]
slecht cijfer (het)	kötü not	[køty not]
een cijfer geven	not vermek	[not vermek]
fout (de)	hata	[hata]
fouten maken	hata yapmak	[hata japmak]
corrigeren (fouten ~)	düzeltmek	[dyzeltmek]
spiekbriefje (het)	kopya	[kopja]
huiswerk (het)	ev ödevi	[ev ødevi]
oefening (de)	egzersiz	[egzersiz]
aanwezig zijn (ww)	bulunmak	[bulunmak]
absent zijn (ww)	bulunmamak	[bulunmamak]
bestraffen (een stout kind ~)	cezalandırmak	[dʒezalandırmak]
bestraffing (de)	ceza	[dʒeza]
gedrag (het)	davranış	[davranıʃ]

cijferlijst (de)	karne	[karne]
potlood (het)	kurşun kalem	[kurʃun kalem]
gom (de)	silgi	[silgi]
krijt (het)	tebeşir	[tebeʃir]
pennendoos (de)	kalemlik	[kalemlik]
boekentas (de)	çanta	[ʧanta]
pen (de)	tükenmez kalem	[tykenmez kalem]
schrift (de)	defter	[defter]
leerboek (het)	ders kitabı	[ders kitabı]
passer (de)	pergel	[pergel]
technisch tekenen (ww)	çizmek	[ʧizmek]
technische tekening (de)	teknik resim	[teknik resim]
gedicht (het)	şiir	[ʃi:ir]
van buiten (bw)	ezbere	[ezbere]
van buiten leren	ezberlemek	[ezberlemek]
vakantie (de)	okul tatili	[okul tatili]
met vakantie zijn	tatilde olmak	[tatilde olmak]
toets (schriftelijke ~)	sınav	[sınaf]
opstel (het)	kompozisyon	[kompozisjon]
dictee (het)	dikte	[dikte]
examen (het)	sınav	[sınaf]
examen afleggen	sınav olmak	[sınav olmak]
experiment (het)	deney	[denej]

95. Hogeschool. Universiteit

academie (de)	akademi	[akademi]
universiteit (de)	üniversite	[yniversite]
faculteit (de)	fakülte	[fakylte]
student (de)	öğrenci	[ø:rendʒi]
studente (de)	öğrenci	[ø:rendʒi]
leraar (de)	öğretmen	[ø:retmen]
collegezaal (de)	dersane	[dersane]
afgestudeerde (de)	mezun	[mezun]
diploma (het)	diploma	[diploma]
dissertatie (de)	tez	[tez]
onderzoek (het)	inceleme	[indʒeleme]
laboratorium (het)	laboratuvar	[laboratuvar]
college (het)	ders	[ders]
medestudent (de)	sınıf arkadaşı	[sınıf arkadaʃı]
studiebeurs (de)	burs	[burs]
academische graad (de)	akademik derece	[akademik deredʒe]

96. Wetenschappen. Disciplines

wiskunde (de)	matematik	[matematik]
algebra (de)	cebir	[dʒebir]
meetkunde (de)	geometri	[geometri]
astronomie (de)	astronomi	[astronomi]
biologie (de)	biyoloji	[bioloʒi]
geografie (de)	coğrafya	[dʒoorafja]
geologie (de)	jeoloji	[ʒeoloʒi]
geschiedenis (de)	tarih	[tarih]
geneeskunde (de)	tıp	[tıp]
pedagogiek (de)	pedagoji	[pedagoʒi]
rechten (mv.)	hukuk	[hukuk]
fysica, natuurkunde (de)	fizik	[fizik]
scheikunde (de)	kimya	[kimja]
filosofie (de)	felsefe	[felsefe]
psychologie (de)	psikoloji	[psikoloʒi]

97. Schrift. Spelling

grammatica (de)	gramer	[gramer]
vocabulaire (het)	kelime hazinesi	[kelime hazinesi]
fonetiek (de)	fonetik	[fonetik]
zelfstandig naamwoord (het)	isim	[isim]
bijvoeglijk naamwoord (het)	sıfat	[sıfat]
werkwoord (het)	fiil	[fi:il]
bijwoord (het)	zarf	[zarf]
voornaamwoord (het)	zamir	[zamir]
tussenwerpsel (het)	ünlem	[ynlem]
voorzetsel (het)	edat, ilgeç	[edat], [ilgetʃ]
stam (de)	kelime kökü	[kelime køky]
achtervoegsel (het)	sonek	[sonek]
voorvoegsel (het)	ön ek	[øn ek]
lettergreep (de)	hece	[hedʒe]
achtervoegsel (het)	son ek	[son ek]
nadruk (de)	vurgu	[vurgu]
afkappingsteken (het)	apostrof	[apostrof]
punt (de)	nokta	[nokta]
komma (de/het)	virgül	[virgyl]
puntkomma (de)	noktalı virgül	[noktalı virgyl]
dubbelpunt (de)	iki nokta	[iki nokta]
beletselteken (het)	üç nokta	[ytʃ nokta]
vraagteken (het)	soru işareti	[soru iʃareti]
uitroepteken (het)	ünlem işareti	[ynlem iʃareti]

aanhalingstekens (mv.)	tırnak	[tırnak]
tussen aanhalingstekens (bw)	tırnak içinde	[tırnak itʃinde]
haakjes (mv.)	parantez	[parantez]
tussen haakjes (bw)	parantez içinde	[parantez itʃinde]

streepje (het)	kısa çizgi	[kısa tʃizgi]
gedachtestreepje (het)	tire	[tire]
spatie (~ tussen twee woorden)	boşluk, ara	[boʃluk], [ara]

| letter (de) | harf | [harf] |
| hoofdletter (de) | büyük harf | [byjuk harf] |

| klinker (de) | ünlü, sesli | [ynly], [sesli] |
| medeklinker (de) | ünsüz, sessiz | [ynsyz], [sessiz] |

zin (de)	cümle	[dʒymle]
onderwerp (het)	özne	[øzne]
gezegde (het)	yüklem	[juklem]

regel (in een tekst)	satır	[satır]
op een nieuwe regel (bw)	yeni satırdan	[jeni satırdan]
alinea (de)	paragraf	[paragraf]

woord (het)	söz, kelime	[søz], [kelime]
woordgroep (de)	kelime grubu	[kelime grubu]
uitdrukking (de)	deyim, ifade	[dejim], [ifade]
synoniem (het)	eşanlamlı sözcük	[eʃanlamlı søzdʒyk]
antoniem (het)	karşıt anlamlı sözcük	[karʃıt anlamlı søzdʒyk]

regel (de)	kural	[kural]
uitzondering (de)	istisna	[istisna]
correct (bijv. ~e spelling)	doğru	[dooru]

vervoeging, conjugatie (de)	fiil çekimi	[fi:il tʃekimi]
verbuiging, declinatie (de)	isim çekimi	[isim tʃekimi]
naamval (de)	hal	[hal]
vraag (de)	soru	[soru]
onderstrepen (ww)	altını çizmek	[altını tʃizmek]
stippellijn (de)	noktalar	[noktalar]

98. Vreemde talen

taal (de)	dil	[dil]
vreemd (bn)	yabancı	[jabandʒı]
vreemde taal (de)	yabancı dil	[jabandʒı dil]
leren (bijv. van buiten ~)	öğrenim görmek	[ø:renim gørmek]
studeren (Nederlands ~)	öğrenmek	[ø:renmek]

lezen (ww)	okumak	[okumak]
spreken (ww)	konuşmak	[konuʃmak]
begrijpen (ww)	anlamak	[anlamak]
schrijven (ww)	yazmak	[jazmak]
snel (bw)	çabuk	[tʃabuk]

langzaam (bw)	yavaş	[javaʃ]
vloeiend (bw)	akıcı bir şekilde	[akıdʒı bir ʃekilde]
regels (mv.)	kurallar	[kurallar]
grammatica (de)	gramer	[gramer]
vocabulaire (het)	kelime hazinesi	[kelime hazinesi]
fonetiek (de)	fonetik	[fonetik]
leerboek (het)	ders kitabı	[ders kitabı]
woordenboek (het)	sözlük	[søzlyk]
leerboek (het) voor zelfstudie	öz eğitim rehberi	[øz eitim rehberi]
taalgids (de)	konuşma kılavuzu	[konuʃma kılavuzu]
cassette (de)	kaset	[kaset]
videocassette (de)	videokaset	[videokaset]
CD (de)	CD	[sidi]
DVD (de)	DVD	[dividi]
alfabet (het)	alfabe	[alfabe]
spellen (ww)	hecelemek	[hedʒelemek]
uitspraak (de)	telâffuz	[telaffyz]
accent (het)	aksan	[aksan]
met een accent (bw)	aksan ile	[aksan ile]
zonder accent (bw)	aksansız	[aksansız]
woord (het)	kelime	[kelime]
betekenis (de)	mana	[mana]
cursus (de)	kurslar	[kurslar]
zich inschrijven (ww)	yazılmak	[jazılmak]
leraar (de)	öğretmen	[ø:retmen]
vertaling (een ~ maken)	çeviri	[tʃeviri]
vertaling (tekst)	tercüme	[terdʒyme]
vertaler (de)	çevirmen	[tʃevirmen]
tolk (de)	tercüman	[terdʒyman]
polyglot (de)	birçok dil bilen	[birtʃok dil bilen]
geheugen (het)	hafıza	[hafıza]

Rusten. Entertainment. Reizen

99. Trip. Reizen

toerisme (het)	turizm	[turizm]
toerist (de)	turist	[turist]
reis (de)	seyahat	[sejahat]
avontuur (het)	macera	[madʒera]
tocht (de)	gezi	[gezi]
vakantie (de)	izin	[izin]
met vakantie zijn	izinli olmak	[izinli olmak]
rust (de)	istirahat	[istirahat]
trein (de)	tren	[tren]
met de trein	trenle	[trenle]
vliegtuig (het)	uçak	[utʃak]
met het vliegtuig	uçakla	[utʃakla]
met de auto	arabayla	[arabajla]
per schip (bw)	gemide	[gemide]
bagage (de)	bagaj	[bagaʒ]
valies (de)	bavul	[bavul]
bagagekarretje (het)	bagaj arabası	[bagaʒ arabası]
paspoort (het)	pasaport	[pasaport]
visum (het)	vize	[vizɛ]
kaartje (het)	bilet	[bilet]
vliegticket (het)	uçak bileti	[utʃak bileti]
reisgids (de)	rehber	[rehber]
kaart (de)	harita	[harita]
gebied (landelijk ~)	alan	[alan]
plaats (de)	yer	[jer]
exotische bestemming (de)	egzotik	[ekzotik]
exotisch (bn)	egzotik	[ekzotik]
verwonderlijk (bn)	şaşırtıcı	[ʃaʃırtıdʒı]
groep (de)	grup	[grup]
rondleiding (de)	gezi	[gezi]
gids (de)	rehber	[rehber]

100. Hotel

hotel (het)	otel	[otel]
motel (het)	motel	[motel]
3-sterren	üç yıldızlı	[ytʃ jıldızlı]

5-sterren	beş yıldızlı	[beʃ jıldızlı]
overnachten (ww)	kalmak	[kalmak]
kamer (de)	oda	[oda]
eenpersoonskamer (de)	tek kişilik oda	[tek kiʃilik oda]
tweepersoonskamer (de)	iki kişilik oda	[iki kiʃilik oda]
een kamer reserveren	oda ayırtmak	[oda aırtmak]
halfpension (het)	yarım pansiyon	[jarım pansjon]
volpension (het)	tam pansiyon	[tam pansjon]
met badkamer	banyolu	[banjolu]
met douche	duşlu	[duʃlu]
satelliet-tv (de)	uydu televizyonu	[ujdu televizjonu]
airconditioner (de)	klima	[klima]
handdoek (de)	havlu	[havlu]
sleutel (de)	anahtar	[anahtar]
administrateur (de)	idareci	[idaredʒi]
kamermeisje (het)	hizmetçi	[hizmetʃi]
piccolo (de)	hamal	[hamal]
portier (de)	kapıcı	[kapıdʒı]
restaurant (het)	restoran	[restoran]
bar (de)	bar	[bar]
ontbijt (het)	kahvaltı	[kahvaltı]
avondeten (het)	akşam yemeği	[akʃam jemei]
buffet (het)	açık büfe	[atʃık byfe]
hal (de)	lobi	[lobi]
lift (de)	asansör	[asansør]
NIET STOREN	RAHATSIZ ETMEYIN	[rahatsız etmejin]
VERBODEN TE ROKEN!	SİGARA İÇİLMEZ	[sigara itʃilmez]

TECHNISCHE APPARATUUR. VERVOER

Technische apparatuur

101. Computer

computer (de)	bilgisayar	[bilgisajar]
laptop (de)	dizüstü bilgisayar	[dizysty bilgisajar]
aanzetten (ww)	açmak	[aʧmak]
uitzetten (ww)	kapatmak	[kapatmak]
toetsenbord (het)	klavye	[klavje]
toets (enter~)	tuş	[tuʃ]
muis (de)	fare	[fare]
muismat (de)	fare altlığı	[fare altlɪ:ɪ]
knopje (het)	tuş	[tuʃ]
cursor (de)	fare imleci	[fare imledʒi]
monitor (de)	monitör	[monitør]
scherm (het)	ekran	[ekran]
harde schijf (de)	sabit disk	[sabit disk]
volume (het)	sabit disk hacmi	[sabit disk hadʒmi]
van de harde schijf		
geheugen (het)	bellek	[bellek]
RAM-geheugen (het)	RAM belleği	[ram bellei]
bestand (het)	dosya	[dosja]
folder (de)	klasör	[klasør]
openen (ww)	açmak	[aʧmak]
sluiten (ww)	kapatmak	[kapatmak]
opslaan (ww)	kaydetmek	[kajdetmek]
verwijderen (wissen)	silmek	[silmek]
kopiëren (ww)	kopyalamak	[kopjalamak]
sorteren (ww)	sıralamak	[sɪralamak]
overplaatsen (ww)	kopyalamak	[kopjalamak]
programma (het)	program	[program]
software (de)	yazılım	[jazɪlɪm]
programmeur (de)	programcı	[programdʒɪ]
programmeren (ww)	program yapmak	[program japmak]
hacker (computerkraker)	hekır	[hekɪr]
wachtwoord (het)	parola	[parola]
virus (het)	virüs	[virys]
ontdekken (virus ~)	tespit etmek, bulmak	[tespit etmek], [bulmak]

byte (de)	bayt	[bajt]
megabyte (de)	megabayt	[megabajt]
data (de)	veri, data	[veri], [data]
databank (de)	veritabanı	[veritabanı]
kabel (USB-~, enz.)	kablo	[kablo]
afsluiten (ww)	bağlantıyı kesmek	[baalantıi kesmek]
aansluiten op (ww)	bağlamak	[baalamak]

102. Internet. E-mail

internet (het)	internet	[internet]
browser (de)	gözatıcı	[gøzatidʒı]
zoekmachine (de)	arama motoru	[arama motoru]
internetprovider (de)	Internet sağlayıcı	[internet saalaıdʒı]
webmaster (de)	Web master	[veb master]
website (de)	internet sitesi	[internet sitesi]
webpagina (de)	internet sayfası	[internet sajfası]
adres (het)	adres	[adres]
adresboek (het)	adres defteri	[adres defteri]
postvak (het)	posta kutusu	[posta kutusu]
post (de)	posta	[posta]
bericht (het)	mesaj	[mesaʒ]
binnenkomende berichten (mv.)	gelen mesajlar	[gelen mesajlar]
uitgaande berichten (mv.)	giden mesajlar	[giden mesajlar]
verzender (de)	gönderen	[gønderen]
verzenden (ww)	göndermek	[gøndermek]
verzending (de)	gönderme	[gønderme]
ontvanger (de)	alıcı	[alıdʒı]
ontvangen (ww)	almak	[almak]
correspondentie (de)	yazışma	[jazıʃma]
corresponderen (met ...)	yazışmak	[jazıʃmak]
bestand (het)	dosya	[dosja]
downloaden (ww)	indirmek	[indirmek]
creëren (ww)	oluşturmak	[oluʃturmak]
verwijderen (een bestand ~)	silmek	[silmek]
verwijderd (bn)	silinmiş	[silinmiʃ]
verbinding (de)	bağlantı	[baalantı]
snelheid (de)	hız	[hız]
modem (de)	modem	[modem]
toegang (de)	erişim	[eriʃim]
poort (de)	port, giriş yeri	[port], [giriʃ jeri]
aansluiting (de)	bağlantı	[baalantı]
zich aansluiten (ww)	... bağlanmak	[baalanmak]

selecteren (ww)	seçmek	[seʧmek]
zoeken (ww)	aramak	[aramak]

103. Elektriciteit

elektriciteit (de)	elektrik	[elektrik]
elektrisch (bn)	elektrik, elektrikli	[elektrik], [elektrikli]
elektriciteitscentrale (de)	elektrik istasyonu	[elektrik istasjonu]
energie (de)	enerji	[enerʒi]
elektrisch vermogen (het)	elektrik enerjisi	[elektrik enerʒisi]
lamp (de)	ampul	[ampul]
zaklamp (de)	fener	[fener]
straatlantaarn (de)	sokak lambası	[sokak lambası]
licht (elektriciteit)	ışık	[ıʃık]
aandoen (ww)	açmak	[aʧmak]
uitdoen (ww)	kapatmak	[kapatmak]
het licht uitdoen	ışıkları kapatmak	[ıʃıkları kapatmak]
doorbranden (gloeilamp)	yanıp bitmek	[janıp bitmek]
kortsluiting (de)	kısa devre	[kısa devre]
onderbreking (de)	kopuk tel	[kopuk tel]
contact (het)	kontak	[kontak]
schakelaar (de)	elektrik düğmesi	[elektrik dyjmesi]
stopcontact (het)	priz	[priz]
stekker (de)	fiş	[fiʃ]
verlengsnoer (de)	uzatma kablosu	[uzatma kablosu]
zekering (de)	sigorta	[sigorta]
kabel (de)	tel	[tel]
bedrading (de)	elektrik hatları	[elektrik hatları]
ampère (de)	amper	[amper]
stroomsterkte (de)	akim yeginligi	[akim jeginligi]
volt (de)	volt	[volt]
spanning (de)	gerilim	[gerilim]
elektrisch toestel (het)	elektrikli alet	[elektrikli alet]
indicator (de)	indikatör	[indikatør]
elektricien (de)	elektrikçi	[elektrikʧi]
solderen (ww)	lehimlemek	[lehimlemek]
soldeerbout (de)	lehim aleti	[lehim aleti]
stroom (de)	akım, cereyan	[akım], [dʒerejan]

104. Gereedschappen

werktuig (stuk gereedschap)	alet	[alet]
gereedschap (het)	aletler	[aletler]
uitrusting (de)	ekipman	[ekipman]

T&P Books. Thematische woordenschat Nederlands-Turks - 5000 woorden

hamer (de)	çekiç	[tʃekitʃ]
schroevendraaier (de)	tornavida	[tornavida]
bijl (de)	balta	[balta]

zaag (de)	testere	[testere]
zagen (ww)	testere ile kesmek	[testere ile kesmek]
schaaf (de)	rende	[rende]
schaven (ww)	rendelemek	[rendelemek]
soldeerbout (de)	lehim aleti	[lehim aletı]
solderen (ww)	lehimlemek	[lehimlemek]

vijl (de)	eğe	[eje]
nijptang (de)	kerpeten	[kerpeten]
combinatietang (de)	pense	[pense]
beitel (de)	keski	[keski]

boorkop (de)	matkap ucu	[matkap udʒu]
boormachine (de)	elektrikli matkap	[elektrikli matkap]
boren (ww)	delmek	[delmek]

mes (het)	bıçak	[bıtʃak]
zakmes (het)	çakı	[tʃakı]
lemmet (het)	ağız	[aız]

scherp (bijv. ~ mes)	sivri, keskin	[sivri], [keskin]
bot (bn)	kör	[kør]
bot raken (ww)	körleşmek	[kørleʃmek]
slijpen (een mes ~)	keskinleştirmek	[keskinleʃtirmek]

bout (de)	cıvata	[dʒıvata]
moer (de)	somun	[somun]
schroefdraad (de)	vida dişi	[vida diʃi]
houtschroef (de)	vida	[vida]

spijker (de)	çivi	[tʃivi]
kop (de)	çivi başı	[tʃivi baʃı]

liniaal (de/het)	cetvel	[dʒetvel]
rolmeter (de)	şerit metre	[ʃerit metre]
waterpas (de/het)	su terazisi	[su terazisi]
loep (de)	büyüteç	[byjutetʃ]

meetinstrument (het)	ölçme aleti	[øltʃme aleti]
opmeten (ww)	ölçmek	[øltʃmek]
schaal (meetschaal)	skala, ölçek	[skala], [øltʃek]
gegevens (mv.)	gösterge değeri	[gøsterge deeri]

compressor (de)	kompresör	[kompresør]
microscoop (de)	mikroskop	[mikroskop]

pomp (de)	pompa	[pompa]
robot (de)	robot	[robot]
laser (de)	lazer	[lazer]

moersleutel (de)	somun anahtarı	[somun anahtarı]
plakband (de)	koli bantı	[koli bantı]

lijm (de)	yapıştırıcı	[japıʃtırıdʒı]
schuurpapier (het)	zımpara	[zımpara]
veer (de)	yay	[jaj]
magneet (de)	mıknatıs	[mıknatıs]
handschoenen (mv.)	eldiven	[eldiven]
touw (bijv. henneptouw)	ip	[ip]
snoer (het)	kordon, ip	[kordon], [ip]
draad (de)	tel	[tel]
kabel (de)	kablo	[kablo]
moker (de)	varyos	[varjos]
breekijzer (het)	levye	[levje]
ladder (de)	merdiven	[merdiven]
trapje (inklapbaar ~)	dayama merdiven	[dajama merdiven]
aanschroeven (ww)	sıkıştırmak	[sıkıʃtırmak]
losschroeven (ww)	sökmek	[søkmek]
dichtpersen (ww)	sıkıştırmak	[sıkıʃtırmak]
vastlijmen (ww)	yapıştırmak	[japıʃtırmak]
snijden (ww)	kesmek	[kesmek]
defect (het)	arıza	[arıza]
reparatie (de)	tamirat	[tamirat]
repareren (ww)	tamir etmek	[tamir etmek]
regelen (een machine ~)	ayarlamak	[ajarlamak]
checken (ww)	kontrol etmek	[kontrol etmek]
controle (de)	kontrol, deneme	[kontrol], [deneme]
gegevens (mv.)	gösterge değeri	[gøsterge deeri]
degelijk (bijv. ~ machine)	sağlam	[saalam]
ingewikkeld (bn)	karmaşık	[karmaʃık]
roesten (ww)	paslanmak	[paslanmak]
roestig (bn)	paslanmış	[paslanmıʃ]
roest (de/het)	pas	[pas]

T&P Books. Thematische woordenschat Nederlands-Turks - 5000 woorden

Vervoer

105. Vliegtuig

vliegtuig (het)	uçak	[utʃak]
vliegticket (het)	uçak bileti	[utʃak bileti]
luchtvaartmaatschappij (de)	hava yolları şirketi	[hava jolları ʃirketi]
luchthaven (de)	havaalanı	[havaalanı]
supersonisch (bn)	sesüstü	[sesysty]

gezagvoerder (de)	kaptan pilot	[kaptan pilot]
bemanning (de)	ekip	[ekip]
piloot (de)	pilot	[pilot]
stewardess (de)	hostes	[hostes]
stuurman (de)	seyrüseferci	[sejryseferdʒi]

vleugels (mv.)	kanatlar	[kanatlar]
staart (de)	kuyruk	[kujruk]
cabine (de)	kabin	[kabin]
motor (de)	motor	[motor]
landingsgestel (het)	iniş takımı	[iniʃ takımı]
turbine (de)	türbin	[tyrbin]

propeller (de)	pervane	[pervane]
zwarte doos (de)	kara kutu	[kara kutu]
stuur (het)	kumanda kolu	[kumanda kolu]
brandstof (de)	yakıt	[jakıt]

veiligheidskaart (de)	güvenlik kartı	[gyvenlik kartı]
zuurstofmasker (het)	oksijen maskesi	[oksiʒen maskesi]
uniform (het)	üniforma	[yniforma]

reddingsvest (de)	can yeleği	[dʒan jelei]
parachute (de)	paraşüt	[paraʃyt]

opstijgen (het)	kalkış	[kalkıʃ]
opstijgen (ww)	kalkmak	[kalkmak]
startbaan (de)	kalkış pisti	[kalkıʃ pisti]

zicht (het)	görüş	[gøryʃ]
vlucht (de)	uçuş	[utʃuʃ]

hoogte (de)	yükseklik	[jukseklik]
luchtzak (de)	hava boşluğu	[hava boʃluu]

plaats (de)	yer	[jer]
koptelefoon (de)	kulaklık	[kulaklık]
tafeltje (het)	katlanır tepsi	[katlanır tepsi]
venster (het)	pencere	[pendʒere]
gangpad (het)	koridor	[koridor]

106. Trein

trein (de)	tren	[tren]
elektrische trein (de)	elektrikli tren	[elektrikli tren]
sneltrein (de)	hızlı tren	[hızlı tren]
diesellocomotief (de)	dizel lokomotifi	[dizel lokomotifi]
stoomlocomotief (de)	buharlı lokomotif	[buharlı lokomotif]
rijtuig (het)	vagon	[vagon]
restauratierijtuig (het)	vagon restoran	[vagon restoran]
rails (mv.)	ray	[raj]
spoorweg (de)	demir yolu	[demir jolu]
dwarsligger (de)	travers	[travers]
perron (het)	peron	[peron]
spoor (het)	yol	[jol]
semafoor (de)	semafor	[semafor]
halte (bijv. kleine treinhalte)	istasyon	[istasjon]
machinist (de)	makinist	[makinist]
kruier (de)	hamal	[hamal]
conducteur (de)	kondüktör	[kondyktør]
passagier (de)	yolcu	[joldʒu]
controleur (de)	kondüktör	[kondyktør]
gang (in een trein)	koridor	[koridor]
noodrem (de)	imdat freni	[imdat freni]
coupé (de)	kompartıman	[kompartıman]
bed (slaapplaats)	yatak	[jatak]
bovenste bed (het)	üst yatak	[yot jatak]
onderste bed (het)	alt yatak	[alt jatak]
beddengoed (het)	yatak takımı	[jatak takımı]
kaartje (het)	bilet	[bilet]
dienstregeling (de)	tarife	[tarife]
informatiebord (het)	sefer tarifesi	[sefer tarifesi]
vertrekken	kalkmak	[kalkmak]
(De trein vertrekt ...)		
vertrek (ov. een trein)	kalkış	[kalkıʃ]
aankomen (ov. de treinen)	varmak	[varmak]
aankomst (de)	varış	[varıʃ]
aankomen per trein	trenle gelmek	[trenle gelmek]
in de trein stappen	trene binmek	[trene binmek]
uit de trein stappen	trenden inmek	[trenden inmek]
treinwrak (het)	tren enkazı	[tren enkazı]
ontspoord zijn	raydan çıkmak	[rajdan tʃıkmak]
stoomlocomotief (de)	buharlı lokomotif	[buharlı lokomotif]
stoker (de)	ocakçı	[odʒaktʃı]
stookplaats (de)	ocak	[odʒak]
steenkool (de)	kömür	[kømyr]

107. Schip

schip (het)	gemi	[gemi]
vaartuig (het)	tekne	[tekne]
stoomboot (de)	vapur	[vapur]
motorschip (het)	dizel motorlu gemi	[dizel motorlu gemi]
lijnschip (het)	büyük gemi	[byjuk gemi]
kruiser (de)	kruvazör	[kruvazør]
jacht (het)	yat	[jat]
sleepboot (de)	römorkör	[rømorkør]
duwbak (de)	yük dubası	[juk dubası]
ferryboot (de)	feribot	[feribot]
zeilboot (de)	yelkenli gemi	[jelkenli gemi]
brigantijn (de)	gulet	[gulet]
ijsbreker (de)	buzkıran	[buzkıran]
duikboot (de)	denizaltı	[denizaltı]
boot (de)	kayık	[kajık]
sloep (de)	filika	[filika]
reddingssloep (de)	cankurtaran filikası	[dʒankurtaran filikası]
motorboot (de)	sürat teknesi	[syrat teknesi]
kapitein (de)	kaptan	[kaptan]
zeeman (de)	tayfa	[tajfa]
matroos (de)	denizci	[denizdʒi]
bemanning (de)	mürettebat	[myrettebat]
bootsman (de)	lostromo	[lostromo]
scheepsjongen (de)	miço	[mitʃo]
kok (de)	gemi aşçısı	[gemi aʃtʃısı]
scheepsarts (de)	gemi doktoru	[gemi doktoru]
dek (het)	güverte	[gyverte]
mast (de)	direk	[direk]
zeil (het)	yelken	[jelken]
ruim (het)	ambar	[ambar]
voorsteven (de)	geminin baş tarafı	[geminin baʃ tarafı]
achtersteven (de)	kıç	[kıtʃ]
roeispaan (de)	kürek	[kyrek]
schroef (de)	pervane	[pervane]
kajuit (de)	kamara	[kamara]
officierskamer (de)	subay yemek salonu	[subaj jemek salonu]
machinekamer (de)	makine dairesi	[makine dairesi]
brug (de)	kaptan köprüsü	[kaptan køprysy]
radiokamer (de)	telsiz odası	[telsiz odası]
radiogolf (de)	dalga	[dalga]
logboek (het)	gemi jurnali	[gemi ʒurnalı]
verrekijker (de)	tek dürbün	[tek dyrbyn]
klok (de)	çan	[tʃan]

T&P Books. Thematische woordenschat Nederlands-Turks - 5000 woorden

vlag (de)	bayrak	[bajrak]
kabel (de)	halat	[halat]
knoop (de)	düğüm	[dyjum]

leuning (de)	vardavela	[vardavela]
trap (de)	iskele	[iskele]

anker (het)	çapa, demir	[tʃapa], [demir]
het anker lichten	demir almak	[demir almak]
het anker neerlaten	demir atmak	[demir atmak]
ankerketting (de)	çapa zinciri	[tʃapa zindʒiri]

haven (bijv. containerhaven)	liman	[liman]
kaai (de)	iskele, rıhtım	[iskele], [rıhtım]
aanleggen (ww)	yanaşmak	[janaʃmak]
wegvaren (ww)	iskeleden ayrılmak	[iskeleden ajrılmak]

reis (de)	seyahat	[sejahat]
cruise (de)	gemi turu	[gemi turu]
koers (de)	seyir	[sejir]
route (de)	rota	[rota]

vaarwater (het)	seyir koridoru	[sejir koridoru]
zandbank (de)	sığlık	[sıːılık]
stranden (ww)	karaya oturmak	[karaja oturmak]

storm (de)	fırtına	[fırtına]
signaal (het)	sinyal	[sinjal]
zinken (ov. een boot)	batmak	[batmak]
Man overboord!	denize adam düştü	[denize adam dyʃty]
SOS (noodsignaal)	SOS	[es o es]
reddingsboei (de)	can simidi	[dʒan simidi]

108. Vliegveld

luchthaven (de)	havaalanı	[havaalanı]
vliegtuig (het)	uçak	[utʃak]
luchtvaartmaatschappij (de)	hava yolları şirketi	[hava jolları ʃirketi]
luchtverkeersleider (de)	hava trafik kontrolörü	[hava trafik kontrolørly]

vertrek (het)	kalkış	[kalkıʃ]
aankomst (de)	varış	[varıʃ]
aankomen (per vliegtuig)	varmak	[varmak]

vertrektijd (de)	kalkış saati	[kalkıʃ saati]
aankomstuur (het)	iniş saati	[iniʃ saati]

vertraagd zijn (ww)	gecikmek	[gedʒikmek]
vluchtvertraging (de)	gecikme	[gedʒikme]

informatiebord (het)	bilgi panosu	[bilgi panosu]
informatie (de)	danışma	[danıʃma]
aankondigen (ww)	anons etmek	[anons etmek]
vlucht (bijv. KLM ~)	uçuş, sefer	[utʃuʃ], [sefer]

douane (de)	gümrük	[gymryk]
douanier (de)	gümrükçü	[gymryktʃu]
douaneaangifte (de)	gümrük beyannamesi	[gymryk bejannamesi]
invullen (douaneaangifte ~)	doldurmak	[doldurmak]
een douaneaangifte invullen	beyanname doldurmak	[bejanname doldurmak]
paspoortcontrole (de)	pasaport kontrol	[pasaport kontrol]
bagage (de)	bagaj	[bagaʒ]
handbagage (de)	el bagajı	[el bagaʒı]
bagagekarretje (het)	bagaj arabası	[bagaʒ arabası]
landing (de)	iniş	[iniʃ]
landingsbaan (de)	iniş pisti	[iniʃ pisti]
landen (ww)	inmek	[inmek]
vliegtuigtrap (de)	uçak merdiveni	[utʃak merdiveni]
inchecken (het)	check-in	[tʃek in]
incheckbalie (de)	kontuar check-in	[kontuar tʃek in]
inchecken (ww)	check-in yapmak	[tʃek in japmak]
instapkaart (de)	biniş kartı	[biniʃ kartı]
gate (de)	çıkış kapısı	[tʃıkıʃ kapısı]
transit (de)	transit	[transit]
wachten (ww)	beklemek	[beklemek]
wachtzaal (de)	bekleme salonu	[bekleme salonu]
begeleiden (uitwuiven)	yolcu etmek	[joldʒu etmek]
afscheid nemen (ww)	vedalaşmak	[vedalaʃmak]

Gebeurtenissen in het leven

109. Vakanties. Evenement

feest (het)	bayram	[bajram]
nationale feestdag (de)	ulusal bayram	[ulusal bajram]
feestdag (de)	bayram günü	[bajram gyny]
herdenken (ww)	onurlandırmak	[onurlandırmak]
gebeurtenis (de)	olay	[olaj]
evenement (het)	olay	[olaj]
banket (het)	ziyafet	[zijafet]
receptie (de)	kabul töreni	[kabul tøreni]
feestmaal (het)	şölen	[ʃølen]
verjaardag (de)	yıldönümü	[jıldønymy]
jubileum (het)	jübile	[ʒybile]
vieren (ww)	kutlamak	[kutlamak]
Nieuwjaar (het)	Yıl başı	[jıl baʃı]
Gelukkig Nieuwjaar!	Mutlu yıllar!	[mutlu jıllar]
Kerstfeest (het)	Noel	[noel]
Vrolijk kerstfeest!	Mutlu Noeller!	[mutlu noeller]
kerstboom (de)	Yılbaşı ağacı	[jılbaʃı aadʒı]
vuurwerk (het)	havai fişek	[havai fiʃek]
bruiloft (de)	düğün	[dyjun]
bruidegom (de)	nişanlı	[niʃanlı]
bruid (de)	gelin	[gelin]
uitnodigen (ww)	davet etmek	[davet etmek]
uitnodigingskaart (de)	davetiye	[davetije]
gast (de)	davetli	[davetli]
op bezoek gaan	ziyaret etmek	[zijaret etmek]
gasten verwelkomen	misafirleri karşılamak	[misafirleri karʃılamak]
geschenk, cadeau (het)	hediye	[hedije]
geven (iets cadeau ~)	vermek	[vermek]
geschenken ontvangen	hediye almak	[hedije almak]
boeket (het)	demet	[demet]
felicitaties (mv.)	tebrikler	[tebrikler]
feliciteren (ww)	tebrik etmek	[tebrik etmek]
wenskaart (de)	tebrik kartı	[tebrik kartı]
een kaartje versturen	tebrik kartı göndermek	[tebrik kartı gøndermek]
een kaartje ontvangen	tebrik kartı almak	[tebrik kartı almak]
toast (de)	kadeh kaldırma	[kadeh kaldırma]

T&P Books. Thematische woordenschat Nederlands-Turks - 5000 woorden

aanbieden (een drankje ~)	ikram etmek	[ikram etmek]
champagne (de)	şampanya	[ʃampanja]

plezier hebben (ww)	eğlenmek	[eelenmek]
plezier (het)	neşe	[neʃe]
vreugde (de)	neşe, sevinç	[neʃe], [sevintʃ]

dans (de)	dans	[dans]
dansen (ww)	dans etmek	[dans etmek]

wals (de)	vals	[vals]
tango (de)	tango	[tango]

110. Begrafenissen. Begrafenis

kerkhof (het)	mezarlık	[mezarlık]
graf (het)	mezar	[mezar]
kruis (het)	haç	[hatʃ]
grafsteen (de)	mezar taşı	[mezar taʃı]
omheining (de)	çit	[tʃit]
kapel (de)	ibadet yeri	[ibadet jeri]

dood (de)	ölüm	[ølym]
sterven (ww)	ölmek	[ølmek]
overledene (de)	ölü	[øly]
rouw (de)	yas	[jas]

begraven (ww)	gömmek	[gømmek]
begrafenisonderneming (de)	cenaze evi	[dʒenaze evi]
begrafenis (de)	cenaze	[dʒenaze]

krans (de)	çelenk	[tʃelenk]
doodskist (de)	tabut	[tabut]
lijkwagen (de)	cenaze arabası	[dʒenaze arabası]
lijkkleed (de)	kefen	[kefen]

begrafenisstoet (de)	cenaze alayı	[dʒenaze alajı]
urn (de)	kül kabı	[kyl kabı]
crematorium (het)	krematoryum	[krematorjum]

overlijdensbericht (het)	anma yazısı	[anma jazısı]
huilen (wenen)	ağlamak	[aalamak]
snikken (huilen)	hıçkırarak ağlamak	[hıtʃkırarak aalamak]

111. Oorlog. Soldaten

peloton (het)	takım	[takım]
compagnie (de)	bölük	[bølyk]
regiment (het)	alay	[alaj]
leger (armee)	ordu	[ordu]
divisie (de)	tümen	[tymen]
sectie (de)	müfreze	[myfreze]

troep (de)	ordu	[ordu]
soldaat (militair)	asker	[asker]
officier (de)	subay	[subaj]

soldaat (rang)	er	[er]
sergeant (de)	çavuş	[ʧavuʃ]
luitenant (de)	teğmen	[teemen]
kapitein (de)	yüzbaşı	[juzbaʃı]
majoor (de)	binbaşı	[binbaʃı]
kolonel (de)	albay	[albaj]
generaal (de)	general	[general]

matroos (de)	denizci	[denizdʒi]
kapitein (de)	yüzbaşı	[juzbaʃı]
bootsman (de)	lostromo	[lostromo]

artillerist (de)	topçu askeri	[topʧu askeri]
valschermjager (de)	paraşütçü asker	[paraʃytʧy asker]
piloot (de)	pilot	[pilot]
stuurman (de)	seyrüseferci	[sejryseferdʒi]
mecanicien (de)	mekanik teknisyen	[mekanik teknisjen]

sappeur (de)	istihkam eri	[istihkam eri]
parachutist (de)	paraşütçü	[paraʃytʧy]
verkenner (de)	keşif eri	[keʃif eri]
scherpschutter (de)	keskin nişancı	[keskin niʃandʒı]

patrouille (de)	devriye	[devrije]
patrouilleren (ww)	devriye gezmek	[devrije gezmek]
wacht (de)	nöbetçi	[nøbetʧi]

krijger (de)	savaşçı	[savaʃʧı]
patriot (de)	vatansever	[vatansover]
held (de)	kahraman	[kahraman]
heldin (de)	kadın kahraman	[kadın kahraman]

verrader (de)	hain	[hain]
verraden (ww)	ihanet etmek	[ihanet etmek]
deserteur (de)	asker kaçağı	[asker katʃaı]
deserteren (ww)	askerlikten kaçmak	[askerliktan katʃmak]

huurling (de)	paralı asker	[paralı asker]
rekruut (de)	acemi er	[adʒemi er]
vrijwilliger (de)	gönüllü	[gønylly]

gedode (de)	ölü	[øly]
gewonde (de)	yaralı	[jaralı]
krijgsgevangene (de)	savaş esiri	[savaʃ esiri]

112. Oorlog. Militaire acties. Deel 1

oorlog (de)	savaş	[savaʃ]
oorlog voeren (ww)	savaşmak	[savaʃmak]
burgeroorlog (de)	iç savaş	[iʧ savaʃ]

achterbaks (bw)	haince	[haindʒe]
oorlogsverklaring (de)	savaş ilanı	[savaʃ ilanı]
verklaren (de oorlog ~)	ilan etmek	[ilan etmek]
agressie (de)	saldırı	[saldırı]
aanvallen (binnenvallen)	saldırmak	[saldırmak]
binnenvallen (ww)	işgal etmek	[iʃgal etmek]
invaller (de)	işgalci	[iʃgaldʒi]
veroveraar (de)	fatih	[fatih]
verdediging (de)	savunma	[savunma]
verdedigen (je land ~)	savunmak	[savunmak]
zich verdedigen (ww)	kendini savunmak	[kendini savunmak]
vijand, tegenstander (de)	düşman	[dyʃman]
vijandelijk (bn)	düşman	[dyʃman]
strategie (de)	strateji	[strateʒi]
tactiek (de)	taktik	[taktik]
order (de)	emir	[emir]
bevel (het)	komut	[komut]
bevelen (ww)	emretmek	[emretmek]
opdracht (de)	görev	[gørev]
geheim (bn)	gizli	[gizli]
veldslag (de)	muharebe	[muharebe]
strijd (de)	savaş	[savaʃ]
aanval (de)	saldırı	[saldırı]
bestorming (de)	hücum	[hydʒum]
bestormen (ww)	hücum etmek	[hydʒum etmek]
bezetting (de)	kuşatma	[kuʃatma]
aanval (de)	taarruz	[taarruz]
in het offensief te gaan	taarruz etmek	[taarruz etmek]
terugtrekking (de)	çekilme	[tʃekilme]
zich terugtrekken (ww)	çekilmek	[tʃekilmek]
omsingeling (de)	çembere alma	[tʃembere alma]
omsingelen (ww)	çember içine almak	[tʃember itʃine almak]
bombardement (het)	bombardıman	[bombardıman]
een bom gooien	bomba atmak	[bomba atmak]
bombarderen (ww)	bombalamak	[bombalamak]
ontploffing (de)	patlama	[patlama]
schot (het)	atış	[atıʃ]
een schot lossen	atış yapmak	[atıʃ japmak]
schieten (het)	ateşleme	[ateʃleme]
mikken op (ww)	... nişan almak	[niʃan almak]
aanleggen (een wapen ~)	doğrultmak	[doorultmak]
treffen (doelwit ~)	isabet etmek	[isabet etmek]
zinken (tot zinken brengen)	batırmak	[batırmak]

| kogelgat (het) | delik | [delik] |
| zinken (gezonken zijn) | batmak | [batmak] |

front (het)	cephe	[dʒephe]
evacuatie (de)	tahliye	[tahlije]
evacueren (ww)	tahliye etmek	[tahlije etmek]

loopgraaf (de)	siper	[siper]
prikkeldraad (de)	dikenli tel	[dikenli tel]
verdedigingsobstakel (het)	bariyer	[barijer]
wachttoren (de)	kule	[kule]

hospitaal (het)	askeri hastane	[askeri hastane]
verwonden (ww)	yaralamak	[jaralamak]
wond (de)	yara	[jara]
gewonde (de)	yaralı	[jaralı]
gewond raken (ww)	yara almak	[jara almak]
ernstig (~e wond)	ciddi	[dʒiddi]

113. Oorlog. Militaire acties. Deel 2

krijgsgevangenschap (de)	esaret	[esaret]
krijgsgevangen nemen	esir almak	[esir almak]
krijgsgevangene zijn	esir olmak	[esir olmak]
krijgsgevangen genomen worden	esir düşmek	[esir dyʃmek]

concentratiekamp (het)	toplanma kampı	[toplanma kampı]
krijgsgevangene (de)	savaş esiri	[savaʃ esiri]
vluchten (ww)	kaçmak	[katʃmak]

verraden (ww)	ihanet etmek	[ihanet etmek]
verrader (de)	ihanet eden	[ihanet eden]
verraad (het)	ihanet	[ihanet]

| fusilleren (executeren) | kurşuna dizmek | [kurʃuna dizmek] |
| executie (de) | idam | [idam] |

uitrusting (de)	askeri elbise	[askeri elbise]
schouderstuk (het)	apolet	[apolet]
gasmasker (het)	gaz maskesi	[gaz maskesi]

portofoon (de)	telsiz	[telsiz]
geheime code (de)	şifre	[ʃifre]
samenzwering (de)	gizlilik	[gizlilik]
wachtwoord (het)	parola	[parola]

mijn (landmijn)	mayın	[majın]
ondermijnen (legden mijnen)	mayınlamak	[majınlamak]
mijnenveld (het)	mayın tarlası	[majın tarlası]

luchtalarm (het)	hava tehlike işareti	[hava tehlike iʃareti]
alarm (het)	alarm	[alarm]
signaal (het)	işaret	[iʃaret]

vuurpijl (de)	işaret fişeği	[iʃaret fiʃei]
staf (generale ~)	karargah	[karargah]
verkenning (de)	keşif	[keʃif]
toestand (de)	durum	[durum]
rapport (het)	rapor	[rapor]
hinderlaag (de)	pusu	[pusu]
versterking (de)	takviye	[takvije]
doel (bewegend ~)	hedef	[hedef]
proefterrein (het)	poligon	[poligon]
manoeuvres (mv.)	manevralar	[manevralar]
paniek (de)	panik	[panik]
verwoesting (de)	yıkım	[jıkım]
verwoestingen (mv.)	harabe	[harabe]
verwoesten (ww)	yıkmak	[jıkmak]
overleven (ww)	hayatta kalmak	[hajatta kalmak]
ontwapenen (ww)	silahsızlandırmak	[silah sızlandırmak]
behandelen (een pistool ~)	kullanmak	[kullanmak]
Geeft acht!	Hazır ol!	[hazır ol]
Op de plaats rust!	Rahat!	[rahat]
heldendaad (de)	kahramanlık	[kahramanlık]
eed (de)	yemin	[jemin]
zweren (een eed doen)	yemin etmek	[jemin etmek]
decoratie (de)	ödül	[ødyl]
onderscheiden (een ereteken geven)	ödül vermek	[ødyl vermek]
medaille (de)	madalya	[madalja]
orde (de)	nişan	[niʃan]
overwinning (de)	zafer	[zafer]
verlies (het)	yenilgi	[jenilgi]
wapenstilstand (de)	ateşkes	[ateʃkes]
wimpel (vaandel)	bayrak	[bajrak]
roem (de)	şan	[ʃan]
parade (de)	geçit töreni	[getʃit tøreni]
marcheren (ww)	yürümek	[jurymek]

114. Wapens

wapens (mv.)	silahlar	[silahlar]
vuurwapens (mv.)	ateşli silah	[ateʃli silah]
koude wapens (mv.)	çelik kılıç	[tʃelik kılıtʃ]
chemische wapens (mv.)	kimyasal silah	[kimjasal silah]
kern-, nucleair (bn)	nükleer	[nykleer]
kernwapens (mv.)	nükleer silah	[nykleer silah]
bom (de)	bomba	[bomba]
atoombom (de)	atom bombası	[atom bombası]

Nederlands	Turks	Uitspraak
pistool (het)	tabanca	[tabandʒa]
geweer (het)	tüfek	[tyfek]
machinepistool (het)	hafif makineli tüfek	[hafif makineli tyfek]
machinegeweer (het)	makineli tüfek	[makineli tyfek]
loop (schietbuis)	namlu ağzı	[namlu aazı]
loop (bijv. geweer met kortere ~)	namlu	[namlu]
kaliber (het)	çap	[tʃap]
trekker (de)	tetik	[tetik]
korrel (de)	nişangah	[niʃangah]
magazijn (het)	şarjör	[ʃarʒør]
geweerkolf (de)	dipçik	[diptʃik]
granaat (handgranaat)	el bombası	[el bombası]
explosieven (mv.)	patlayıcı	[patlajıdʒı]
kogel (de)	kurşun	[kurʃun]
patroon (de)	fişek	[fiʃek]
lading (de)	şarj	[ʃarʒ]
ammunitie (de)	cephane	[dʒephane]
bommenwerper (de)	bombardıman uçağı	[bombardıman utʃaı]
straaljager (de)	avcı uçağı	[avdʒı utʃaı]
helikopter (de)	helikopter	[helikopter]
afweergeschut (het)	uçaksavar	[utʃaksavar]
tank (de)	tank	[tank]
kanon (tank met een ~ van 76 mm)	tank topu	[tank topu]
artillerie (de)	topçu	[toptʃu]
kanon (het)	top	[top]
aanleggen (een wapen ~)	doğrultmak	[doorultmak]
projectiel (het)	mermi	[mermi]
mortiergranaat (de)	havan mermisi	[havan mermisı]
mortier (de)	havan topu	[havan topu]
granaatscherf (de)	kıymık	[kıjmık]
duikboot (de)	denizaltı	[denizaltı]
torpedo (de)	torpil	[torpil]
raket (de)	füze	[fyze]
laden (geweer, kanon)	doldurmak	[doldurmak]
schieten (ww)	ateş etmek	[ateʃ etmek]
richten op (mikken)	... nişan almak	[niʃan almak]
bajonet (de)	süngü	[syngy]
degen (de)	epe	[epe]
sabel (de)	kılıç	[kılıtʃ]
speer (de)	mızrak	[mızrak]
boog (de)	yay	[jaj]
pijl (de)	ok	[ok]
musket (de)	misket tüfeği	[misket tyfei]
kruisboog (de)	tatar yayı	[tatar jajı]

115. Oude mensen

primitief (bn)	ilkel	[ilkel]
voorhistorisch (bn)	tarih öncesi	[tarih øndʒesi]
eeuwenoude (~ beschaving)	antik, eski	[antik], [eski]
Steentijd (de)	Taş Çağı	[taʃ tʃaɪ]
Bronstijd (de)	Bronz Çağı	[bronz tʃaɪ]
IJstijd (de)	Buzul Çağı	[buzul tʃaɪ]
stam (de)	kabile	[kabile]
menseneter (de)	yamyam	[jam jam]
jager (de)	avcı	[avdʒɪ]
jagen (ww)	avlamak	[avlamak]
mammoet (de)	mamut	[mamut]
grot (de)	mağara	[maara]
vuur (het)	ateş	[ateʃ]
kampvuur (het)	kamp ateşi	[kamp ateʃi]
rotstekening (de)	kaya resmi	[kaja resmi]
werkinstrument (het)	aletler	[aletler]
speer (de)	mızrak	[mızrak]
stenen bijl (de)	taş balta	[taʃ balta]
oorlog voeren (ww)	savaşmak	[savaʃmak]
temmen (bijv. wolf ~)	evcilleştirmek	[evdʒilleʃtirmek]
idool (het)	put	[put]
aanbidden (ww)	tapmak	[tapmak]
bijgeloof (het)	batıl inanç	[batıl inantʃ]
ritueel (het)	[töre]	[tøre]
evolutie (de)	evrim	[evrim]
ontwikkeling (de)	gelişme	[geliʃme]
verdwijning (de)	kaybolma, yok olma	[kajbolma], [jok olma]
zich aanpassen (ww)	adapte olmak	[adapte olmak]
archeologie (de)	arkeoloji	[arkeoloʒi]
archeoloog (de)	arkeolog	[arkeolog]
archeologisch (bn)	arkeolojik	[arkeoloʒik]
opgravingsplaats (de)	kazı yeri	[kazı jeri]
opgravingen (mv.)	kazı	[kazı]
vondst (de)	buluntu	[buluntu]
fragment (het)	parça	[partʃa]

116. Middeleeuwen

volk (het)	millet, halk	[millet], [halk]
volkeren (mv.)	milletler	[milletler]
stam (de)	kabile	[kabile]
stammen (mv.)	kabileler	[kabileler]
barbaren (mv.)	barbarlar	[barbarlar]

Galliërs (mv.)	Galyalılar	[galjalılar]
Goten (mv.)	Gotlar	[gotlar]
Slaven (mv.)	Slavlar	[slavlar]
Vikings (mv.)	Vikingler	[vikingler]
Romeinen (mv.)	Romalılar	[romalılar]
Romeins (bn)	Romen	[romen]
Byzantijnen (mv.)	Bizanslılar	[bizanslılar]
Byzantium (het)	Bizans	[bizans]
Byzantijns (bn)	Bizanslı	[bizanslı]
keizer (bijv. Romeinse ~)	imparator	[imparator]
opperhoofd (het)	lider	[lider]
machtig (bn)	kudretli	[kudretli]
koning (de)	kral	[kral]
heerser (de)	ülkenin yöneticisi	[ylkenin jønetidʒisi]
ridder (de)	şövalye	[ʃøvalje]
feodaal (de)	derebeyi	[derebeji]
feodaal (bn)	feodal	[feodal]
vazal (de)	vasal	[vasal]
hertog (de)	dük	[dyk]
graaf (de)	kont	[kont]
baron (de)	baron	[baron]
bisschop (de)	piskopos	[piskopos]
harnas (het)	zırh	[zırh]
schild (het)	kalkan	[kalkan]
zwaard (het)	kılıç	[kılıtʃ]
vizier (het)	vizör	[vizør]
maliënkolder (de)	zincir zırh	[zindʒir zırh]
kruistocht (de)	haçlı seferi	[hatʃlı seferi]
kruisvaarder (de)	haçlı	[hatʃlı]
gebied (bijv. bezette ~en)	toprak	[toprak]
aanvallen (binnenvallen)	saldırmak	[saldırmak]
veroveren (ww)	fethetmek	[fethetmek]
innemen (binnenvallen)	işgal etmek	[iʃgal etmek]
bezetting (de)	kuşatma	[kuʃatma]
belegerd (bn)	kuşatılmış	[kuʃatılmıʃ]
belegeren (ww)	kuşatmak	[kuʃatmak]
inquisitie (de)	engizisyon	[engizisjon]
inquisiteur (de)	engizisyon mahkemesi üyesi	[engizisjon mahkemesi jujesi]
foltering (de)	işkence	[iʃkendʒe]
wreed (bn)	amansız	[amansız]
ketter (de)	kafir	[kafir]
ketterij (de)	sapkınlık	[sapkınlık]
zeevaart (de)	denizcilik	[denizdʒilik]
piraat (de)	korsan	[korsan]

piraterij (de)	korsanlık	[korsanlık]
enteren (het)	mürettebatın yerini alması	[myrettebatın jerini alması]
buit (de)	ganimet	[ganimet]
schatten (mv.)	hazine	[hazine]

ontdekking (de)	keşif	[keʃif]
ontdekken (bijv. nieuw land)	keşfetmek	[keʃfetmek]
expeditie (de)	bilimsel gezisi	[bilimzel gezisi]

musketier (de)	silahşor	[silahʃor]
kardinaal (de)	kardinal	[kardinal]
heraldiek (de)	armacılık	[armadʒılık]
heraldisch (bn)	hanedan armasına ait	[hanedan armasına ait]

117. Leider. Baas. Autoriteiten

koning (de)	kral	[kral]
koningin (de)	kraliçe	[kralitʃe]
koninklijk (bn)	kraliyet	[kralijet]
koninkrijk (het)	krallık	[krallık]

| prins (de) | prens | [prens] |
| prinses (de) | prenses | [prenses] |

president (de)	başkan	[baʃkan]
vicepresident (de)	ikinci başkan	[ikindʒi baʃkan]
senator (de)	senatör	[senatør]

monarch (de)	hükümdar	[hykymdar]
heerser (de)	ülkenin yöneticisi	[ylkenin jønetidʒisi]
dictator (de)	diktatör	[diktatør]
tiran (de)	tiran	[tiran]
magnaat (de)	magnat	[magnat]

directeur (de)	müdür	[mydyr]
chef (de)	şef	[ʃef]
beheerder (de)	yönetici	[jønetidʒi]
baas (de)	patron	[patron]
eigenaar (de)	sahip	[sahip]

leider (de)	lider	[lider]
hoofd (bijv. ~ van de delegatie)	başkan	[baʃkan]
autoriteiten (mv.)	yetkililer	[jetkililer]
superieuren (mv.)	şefler	[ʃefler]

gouverneur (de)	vali	[vali]
consul (de)	konsolos	[konsolos]
diplomaat (de)	diplomat	[diplomat]
burgemeester (de)	belediye başkanı	[beledije baʃkanı]
sheriff (de)	şerif	[ʃerif]
keizer (bijv. Romeinse ~)	imparator	[imparator]
tsaar (de)	çar	[tʃar]

| farao (de) | firavun | [firavun] |
| kan (de) | han | [han] |

118. De wet overtreden. Criminelen. Deel 1

bandiet (de)	haydut	[hajdut]
misdaad (de)	suç	[sut͡ʃ]
misdadiger (de)	suçlu	[sut͡ʃlu]

dief (de)	hırsız	[hırsız]
stelen (ww)	hırsızlık yapmak	[hırsızlık japmak]
stelen (de)	hırsızlık	[hırsızlık]
diefstal (de)	çalma, soyma	[t͡ʃalma], [sojma]

kidnappen (ww)	kaçırmak	[kat͡ʃırmak]
kidnapping (de)	adam kaçırma	[adam kat͡ʃırma]
kidnapper (de)	adam kaçıran	[adam kat͡ʃıran]

| losgeld (het) | fidye | [fidje] |
| eisen losgeld (ww) | fidye istemek | [fidje istemek] |

overvallen (ww)	soymak	[sojmak]
overval (de)	silahlı soygun	[silahlı sojgun]
overvaller (de)	soyguncu	[sojgund͡ʒu]

afpersen (ww)	şantaj yapmak	[ʃantaʒ japmak]
afperser (de)	şantajcı	[ʃantaʒdʒı]
afpersing (de)	şantaj	[ʃantaʒ]

vermoorden (ww)	öldürmek	[øldyrmek]
moord (de)	öldürme	[øldyrme]
moordenaar (de)	katil	[katil]

schot (het)	atış	[atıʃ]
een schot lossen	atış yapmak	[atıʃ japmak]
neerschieten (ww)	vurmak	[vurmak]
schieten (ww)	ateş etmek	[ateʃ etmek]
schieten (het)	ateş etme	[ateʃ etme]

ongeluk (gevecht, enz.)	olay	[olaj]
gevecht (het)	kavga	[kavga]
Help!	İmdat!	[imdat]
slachtoffer (het)	kurban	[kurban]

beschadigen (ww)	zarar vermek	[zarar vermek]
schade (de)	zarar	[zarar]
lijk (het)	ceset	[dʒeset]
zwaar (~ misdrijf)	ağır	[aır]

aanvallen (ww)	saldırmak	[saldırmak]
slaan (iemand ~)	vurmak	[vurmak]
in elkaar slaan (toetakelen)	dövmek	[døvmek]
ontnemen (beroven)	zorla almak	[zorla almak]
steken (met een mes)	bıçakla öldürmek	[bıt͡ʃakla øldyrmek]

verminken (ww)	sakatlamak	[sakatlamak]
verwonden (ww)	yaralamak	[jaralamak]

chantage (de)	şantaj	[ʃantaʒ]
chanteren (ww)	şantaj yapmak	[ʃantaʒ japmak]
chanteur (de)	şantajcı	[ʃantaʒdʒı]

afpersing (de)	haraç	[haratʃ]
afperser (de)	haraççı	[haratʃı]
gangster (de)	gangster	[gangster]
maffia (de)	mafya	[mafja]

kruimeldief (de)	yankesici	[jankesidʒi]
inbreker (de)	hırsız	[hırsız]
smokkelen (het)	kaçakçılık	[katʃaktʃılık]
smokkelaar (de)	kaçakçı	[katʃaktʃı]

namaak (de)	taklit	[taklit]
namaken (ww)	taklit etmek	[taklit etmek]
namaak-, vals (bn)	sahte	[sahte]

119. De wet overtreden. Criminelen. Deel 2

verkrachting (de)	ırza geçme	[ırza getʃme]
verkrachten (ww)	ırzına geçmek	[ırzına getʃmek]
verkrachter (de)	zorba	[zorba]
maniak (de)	manyak	[manjak]

prostituee (de)	hayat kadını	[hajat kadını]
prostitutie (de)	hayat kadınlığı	[hajat kadınlıːı]
pooier (de)	kadın tüccarı	[kadın tydʒarı]

drugsverslaafde (de)	uyuşturucu bağımlısı	[ujuʃturudʒu baımlısı]
drugshandelaar (de)	uyuşturucu taciri	[ujuʃturudʒu tadʒiri]

opblazen (ww)	patlatmak	[patlamak]
explosie (de)	patlama	[patlama]
in brand steken (ww)	yangın çıkarmak	[jangın tʃıkarmak]
brandstichter (de)	kundakçı	[kundaktʃı]

terrorisme (het)	terörizm	[terørizm]
terrorist (de)	terörist	[terørist]
gijzelaar (de)	tutak, rehine	[tutak], [rehine]

bedriegen (ww)	dolandırmak	[dolandırmak]
bedrog (het)	dolandırma	[dolandırma]
oplichter (de)	dolandırıcı	[dolandırıdʒı]

omkopen (ww)	rüşvet vermek	[ryʃvet vermek]
omkoperij (de)	rüşvet verme	[ryʃvet verme]
smeergeld (het)	rüşvet	[ryʃvet]

vergif (het)	zehir	[zehir]
vergiftigen (ww)	zehirlemek	[zehirlemek]

vergif innemen (ww)	birisini zehirlemek	[birisini zehirlemek]
zelfmoord (de)	intihar	[intihar]
zelfmoordenaar (de)	intihar eden kimse	[intihar eden kimse]
bedreigen (bijv. met een pistool)	tehdit etmek	[tehdit etmek]
bedreiging (de)	tehdit	[tehdit]
een aanslag plegen	öldürmeye çalışmak	[øldyrmeje ʧalıʃmak]
aanslag (de)	suikast	[suitkast]
stelen (een auto)	çalmak	[ʧalmak]
kapen (een vliegtuig)	kaçırmak	[kaʧırmak]
wraak (de)	intikam	[intikam]
wreken (ww)	intikam almak	[intikam almak]
martelen (gevangenen)	işkence etmek	[iʃkenʤe etmek]
foltering (de)	işkence	[iʃkenʤe]
folteren (ww)	acı çektirmek	[aʤı ʧektirmek]
piraat (de)	korsan	[korsan]
straatschender (de)	holigan	[holigan]
gewapend (bn)	silahlı	[silahlı]
geweld (het)	şiddet olayları	[ʃiddet olajarı]
onwettig (strafbaar)	yasadışı	[jasadıʃı]
spionage (de)	casusluk	[ʤasusluk]
spioneren (ww)	casusluk yapmak	[ʤasusluk japmak]

120. Politie. Wet. Deel 1

justitie (de)	adalet	[adalet]
gerechtshof (het)	mahkeme	[mahkeme]
rechter (de)	yargıç	[jargıʧ]
jury (de)	jüri üyesi	[ʒyri jujesi]
juryrechtspraak (de)	jürili yargılama	[ʒyrili jargılama]
berechten (ww)	yargılamak	[jargılamak]
advocaat (de)	avukat	[avukat]
beklaagde (de)	sanık	[sanık]
beklaagdenbank (de)	sanık sandalyesi	[sanık sandaljesi]
beschuldiging (de)	suçlama	[suʧlama]
beschuldigde (de)	sanık	[sanık]
vonnis (het)	ceza, hüküm	[ʤeza], [hykym]
veroordelen (in een rechtszaak)	mahkum etmek	[mahkym etmek]
schuldige (de)	suçlu	[suʧlu]
straffen (ww)	cezalandırmak	[ʤezalandırmak]
bestraffing (de)	ceza	[ʤeza]
boete (de)	ceza	[ʤeza]

Nederlands	Turks	Uitspraak
levenslange opsluiting (de)	ömür boyu hapis	[ømyr boju hapis]
doodstraf (de)	ölüm cezası	[ølym dʒezası]
elektrische stoel (de)	elektrikli sandalye	[elektrikli sandalje]
schavot (het)	darağacı	[daraadʒı]
executeren (ww)	idam etmek	[idam etmek]
executie (de)	idam	[idam]
gevangenis (de)	hapishane	[hapishane]
cel (de)	hücre, koğuş	[hydʒre], [kouʃ]
konvooi (het)	muhafız takımı	[muhafız takımı]
gevangenisbewaker (de)	gardiyan	[gardijan]
gedetineerde (de)	tutuklu	[tutuklu]
handboeien (mv.)	kelepçe	[keleptʃe]
handboeien omdoen	kelepçelemek	[keleptʃelemek]
ontsnapping (de)	kaçma	[katʃma]
ontsnappen (ww)	kaçmak	[katʃmak]
verdwijnen (ww)	kaybolmak	[kajbolmak]
vrijlaten (uit de gevangenis)	tahliye etmek	[tahlije etmek]
amnestie (de)	af	[af]
politie (de)	polis	[polis]
politieagent (de)	erkek polis	[erkek polis]
politiebureau (het)	polis karakolu	[polis karakolu]
knuppel (de)	cop	[dʒop]
megafoon (de)	megafon	[megafon]
patrouilleerwagen (de)	devriye arabası	[devrije arabası]
sirene (de)	siren	[siren]
de sirene aansteken	sireni açmak	[sireni atʃmak]
geloei (het) van de sirene	siren sesi	[siren sesi]
plaats delict (de)	olay yeri	[olaj jeri]
getuige (de)	şahit	[ʃahit]
vrijheid (de)	hürriyet	[hyrrijet]
handlanger (de)	suç ortağı	[sutʃ ortaı]
ontvluchten (ww)	kaçmak	[katʃmak]
spoor (het)	iz	[iz]

121. Politie. Wet. Deel 2

Nederlands	Turks	Uitspraak
opsporing (de)	arama	[arama]
opsporen (ww)	aramak	[aramak]
verdenking (de)	şüphe	[ʃyphe]
verdacht (bn)	şüpheli	[ʃypheli]
aanhouden (stoppen)	durdurmak	[durdurmak]
tegenhouden (ww)	tutuklamak	[tutuklamak]
strafzaak (de)	dava	[dava]
onderzoek (het)	soruşturma	[soruʃturma]
detective (de)	dedektif	[dedektif]

T&P Books. Thematische woordenschat Nederlands-Turks - 5000 woorden

onderzoeksrechter (de)	sorgu yargıcı	[sorgu jargıdʒı]
versie (de)	versiyon	[versjon]

motief (het)	gerekçe	[gerektʃe]
verhoor (het)	sorgu	[sorgu]
ondervragen (door de politie)	sorgulamak	[sorgulamak]
ondervragen (omstanders ~)	soruşturmak	[soruʃturmak]
controle (de)	yoklama	[joklama]

razzia (de)	tarama	[tarama]
huiszoeking (de)	arama	[arama]
achtervolging (de)	kovalama	[kovalama]
achtervolgen (ww)	takip etmek	[takip etmek]
opsporen (ww)	izlemek	[izlemek]

arrest (het)	tutuklama	[tutuklama]
arresteren (ww)	tutuklamak	[tutuklamak]
vangen, aanhouden (een dief, enz.)	yakalamak	[jakalamak]
aanhouding (de)	yakalama	[jakalama]

document (het)	belge	[belge]
bewijs (het)	kanıt, ispat	[kanıt], [ispat]
bewijzen (ww)	ispat etmek	[ispat etmek]
voetspoor (het)	ayak izi	[ajak izı]
vingerafdrukken (mv.)	parmak izleri	[parmak izleri]
bewijs (het)	delil	[delil]

alibi (het)	mazeret	[mazeret]
onschuldig (bn)	suçsuz	[sutʃsuz]
onrecht (het)	haksızlık	[haksızlık]
onrechtvaardig (bn)	haksız	[haksız]

crimineel (bn)	cinayet	[dʒinajet]
confisqueren (in beslag nemen)	el koymak	[el kojmak]
drug (de)	uyuşturucu	[ujuʃturudʒu]
wapen (het)	silah	[silah]
ontwapenen (ww)	silahsızlandırmak	[silah sızlandırmak]
bevelen (ww)	emretmek	[emretmek]
verdwijnen (ww)	kaybolmak	[kajbolmak]

wet (de)	kanun	[kanun]
wettelijk (bn)	kanuni	[kanuni]
onwettelijk (bn)	kanuna aykırı	[kanuna ajkırı]

verantwoordelijkheid (de)	sorumluluk	[sorumluluk]
verantwoordelijk (bn)	sorumlu	[sorumlu]

NATUUR

De Aarde. Deel 1

122. De kosmische ruimte

kosmos (de)	uzay, evren	[uzaj], [evren]
kosmisch (bn)	uzay	[uzaj]
kosmische ruimte (de)	feza	[feza]
heelal (het)	evren	[evren]
sterrenstelsel (het)	galaksi	[galaksi]
ster (de)	yıldız	[jıldız]
sterrenbeeld (het)	takımyıldız	[takımjıldız]
planeet (de)	gezegen	[gezegen]
satelliet (de)	uydu	[ujdu]
meteoriet (de)	göktaşı	[gøktaʃı]
komeet (de)	kuyruklu yıldız	[kujruklu jıldız]
asteroïde (de)	asteroit	[asteroit]
baan (de)	yörünge	[jørynge]
draaien (om de zon, enz.)	dönmek	[dønmek]
atmosfeer (de)	atmosfer	[atmosfer]
Zon (de)	Güneş	[gyneʃ]
zonnestelsel (het)	Güneş sistemi	[gyneʃ sistemi]
zonsverduistering (de)	Güneş tutulması	[gyneʃ tutulması]
Aarde (de)	Dünya	[dynja]
Maan (de)	Ay	[aj]
Mars (de)	Mars	[mars]
Venus (de)	Venüs	[venys]
Jupiter (de)	Jüpiter	[ʒupiter]
Saturnus (de)	Satürn	[satyrn]
Mercurius (de)	Merkür	[merkyr]
Uranus (de)	Uranüs	[uranys]
Neptunus (de)	Neptün	[neptyn]
Pluto (de)	Plüton	[plyton]
Melkweg (de)	Samanyolu	[samanjolu]
Grote Beer (de)	Büyükayı	[byjuk ajı]
Poolster (de)	Kutup yıldızı	[kutup jıldızı]
marsmannetje (het)	Merihli	[merihli]
buitenaards wezen (het)	uzaylı	[uzajlı]

| bovenaards (het) | uzaylı | [uzajlı] |
| vliegende schotel (de) | uçan daire | [utʃan daire] |

ruimtevaartuig (het)	uzay gemisi	[uzaj gemisi]
ruimtestation (het)	yörünge istasyonu	[jørynge istasjonu]
start (de)	uzaya fırlatma	[uzaja fırlatma]

motor (de)	motor	[motor]
straalpijp (de)	roket meme	[roket meme]
brandstof (de)	yakıt	[jakıt]

cabine (de)	kabin	[kabin]
antenne (de)	anten	[anten]
patrijspoort (de)	lombar	[lombar]
zonnebatterij (de)	güneş pili	[gyneʃ pili]
ruimtepak (het)	uzay elbisesi	[uzaj elbisesi]

| gewichtloosheid (de) | ağırlıksızlık | [aırlıksızlık] |
| zuurstof (de) | oksijen | [oksiʒen] |

| koppeling (de) | uzayda kenetlenme | [uzajda kenetlenme] |
| koppeling maken | kenetlenmek | [kenetlenmek] |

observatorium (het)	gözlemevi	[gøzlemevi]
telescoop (de)	teleskop	[teleskop]
waarnemen (ww)	gözlemlemek	[gøzlemlemek]
exploreren (ww)	araştırmak	[araʃtırmak]

123. De Aarde

Aarde (de)	Dünya	[dynja]
aardbol (de)	yerküre	[jerkyre]
planeet (de)	gezegen	[gezegen]

atmosfeer (de)	atmosfer	[atmosfer]
aardrijkskunde (de)	coğrafya	[dʒoorafja]
natuur (de)	doğa	[doa]

wereldbol (de)	yerküre	[jerkyre]
kaart (de)	harita	[harita]
atlas (de)	atlas	[atlas]

| Europa (het) | Avrupa | [avrupa] |
| Azië (het) | Asya | [asja] |

| Afrika (het) | Afrika | [afrika] |
| Australië (het) | Avustralya | [avustralja] |

Amerika (het)	Amerika	[amerika]
Noord-Amerika (het)	Kuzey Amerika	[kuzej amerika]
Zuid-Amerika (het)	Güney Amerika	[gynej amerika]

| Antarctica (het) | Antarktik | [antarktik] |
| Arctis (de) | Arktik | [arktik] |

124. Windrichtingen

noorden (het)	kuzey	[kuzej]
naar het noorden	kuzeye	[kuzeje]
in het noorden	kuzeyde	[kuzejde]
noordelijk (bn)	kuzey	[kuzej]
zuiden (het)	güney	[gynej]
naar het zuiden	güneye	[gyneje]
in het zuiden	güneyde	[gynejde]
zuidelijk (bn)	güney	[gynej]
westen (het)	batı	[batı]
naar het westen	batıya	[batıja]
in het westen	batıda	[batıda]
westelijk (bn)	batı	[batı]
oosten (het)	doğu	[dou]
naar het oosten	doğuya	[douja]
in het oosten	doğuda	[douda]
oostelijk (bn)	doğu	[dou]

125. Zee. Oceaan

zee (de)	deniz	[deniz]
oceaan (de)	okyanus	[okjanus]
golf (baai)	körfez	[kørfez]
straat (de)	boğaz	[boaz]
continent (het)	kıta	[kıta]
eiland (het)	ada	[ada]
schiereiland (het)	yarımada	[jarımada]
archipel (de)	takımada	[takımada]
baai, bocht (de)	koy	[koj]
haven (de)	liman	[liman]
lagune (de)	deniz kulağı	[deniz kulaı]
kaap (de)	burun	[burun]
atol (de)	atol	[atol]
rif (het)	resif	[resif]
koraal (het)	mercan	[merdʒan]
koraalrif (het)	mercan kayalığı	[merdʒan kajalı:ı]
diep (bn)	derin	[derin]
diepte (de)	derinlik	[derinlik]
diepzee (de)	uçurum	[utʃurum]
trog (bijv. Marianentrog)	çukur	[tʃukur]
stroming (de)	akıntı	[akıntı]
omspoelen (ww)	çevrelemek	[tʃevrelemek]
oever (de)	kıyı	[kıjı]
kust (de)	kıyı, sahil	[kıjı], [sahil]

vloed (de)	kabarma	[kabarma]
eb (de)	cezir	[dʒezir]
ondiepte (ondiep water)	sığlık	[sɪːlɪk]
bodem (de)	dip	[dip]

golf (hoge ~)	dalga	[dalga]
golfkam (de)	dağ sırtı	[daa sırtı]
schuim (het)	köpük	[køpyk]

storm (de)	fırtına	[fırtına]
orkaan (de)	kasırga	[kasırga]
tsunami (de)	tsunami	[tsunami]
windstilte (de)	limanlık	[limanlık]
kalm (bijv. ~e zee)	sakin	[sakin]

| pool (de) | kutup | [kutup] |
| polair (bn) | kutuplu | [kutuplu] |

breedtegraad (de)	enlem	[enlem]
lengtegraad (de)	boylam	[bojlam]
parallel (de)	paralel	[paralel]
evenaar (de)	ekvator	[ekvator]

hemel (de)	gök	[gøk]
horizon (de)	ufuk	[ufuk]
lucht (de)	hava	[hava]

vuurtoren (de)	deniz feneri	[deniz feneri]
duiken (ww)	dalmak	[dalmak]
zinken (ov. een boot)	batmak	[batmak]
schatten (mv.)	hazine	[hazine]

126. Namen van zeeën en oceanen

Atlantische Oceaan (de)	Atlas Okyanusu	[atlas okjanusu]
Indische Oceaan (de)	Hint Okyanusu	[hint okjanusu]
Stille Oceaan (de)	Pasifik Okyanusu	[pasifik okjanusu]
Noordelijke IJszee (de)	Kuzey Buz Denizi	[kuzej buz denizi]

Zwarte Zee (de)	Karadeniz	[karadeniz]
Rode Zee (de)	Kızıldeniz	[kızıldeniz]
Gele Zee (de)	Sarı Deniz	[sarı deniz]
Witte Zee (de)	Beyaz Deniz	[bejaz deniz]

Kaspische Zee (de)	Hazar Denizi	[hazar denizi]
Dode Zee (de)	Ölüdeniz	[ølydeniz]
Middellandse Zee (de)	Akdeniz	[akdeniz]

| Egeïsche Zee (de) | Ege Denizi | [ege denizi] |
| Adriatische Zee (de) | Adriyatik Denizi | [adrijatik denizi] |

Arabische Zee (de)	Umman Denizi	[umman denizi]
Japanse Zee (de)	Japon Denizi	[ʒapon denizi]
Beringzee (de)	Bering Denizi	[bering denizi]

Zuid-Chinese Zee (de)	Güney Çin Denizi	[gynej tʃin denizi]
Koraalzee (de)	Mercan Denizi	[merdʒan denizi]
Tasmanzee (de)	Tasman Denizi	[tasman denizi]
Caribische Zee (de)	Karayip Denizi	[karajip denizi]

| Barentszzee (de) | Barents Denizi | [barents denizi] |
| Karische Zee (de) | Kara Denizi | [kara denizi] |

Noordzee (de)	Kuzey Denizi	[kuzej denizi]
Baltische Zee (de)	Baltık Denizi	[baltık denizi]
Noorse Zee (de)	Norveç Denizi	[norvetʃ denizi]

127. Bergen

berg (de)	dağ	[daa]
bergketen (de)	dağ silsilesi	[daa silsilesi]
gebergte (het)	sıradağlar	[sıradaalar]

bergtop (de)	zirve	[zirve]
bergpiek (de)	doruk, zirve	[doruk], [zirve]
voet (ov. de berg)	etek	[etek]
helling (de)	yamaç	[jamatʃ]

vulkaan (de)	yanardağ	[janardaa]
actieve vulkaan (de)	faal yanardağ	[faal janardaa]
uitgedoofde vulkaan (de)	sönmüş yanardağ	[sønmyʃ janardaa]

uitbarsting (de)	püskürme	[pyskyrme]
krater (de)	yanardağ ağzı	[janardaa aazı]
magma (het)	magma	[magma]
lava (de)	lav	[lav]
gloeiend (~e lava)	kızgın	[kızgın]

kloof (canyon)	kanyon	[kanjon]
bergkloof (de)	boğaz	[boaz]
spleet (de)	dere	[dere]
afgrond (de)	uçurum	[utʃurum]

bergpas (de)	dağ geçidi	[daa getʃidi]
plateau (het)	yayla	[jajla]
klip (de)	kaya	[kaja]
heuvel (de)	tepe	[tepe]

gletsjer (de)	buzluk	[buzluk]
waterval (de)	şelâle	[ʃelale]
geiser (de)	gayzer	[gajzer]
meer (het)	göl	[gøl]

vlakte (de)	ova	[ova]
landschap (het)	manzara	[manzara]
echo (de)	yankı	[jankı]

| alpinist (de) | dağcı, alpinist | [daadʒı], [alpinist] |
| bergbeklimmer (de) | dağcı | [daadʒı] |

| trotseren (berg ~) | fethetmek | [fethetmek] |
| beklimming (de) | tırmanma | [tırmanma] |

128. Bergen namen

Alpen (de)	Alp Dağları	[alp daaları]
Mont Blanc (de)	Mont Blanc	[mont blan]
Pyreneeën (de)	Pireneler	[pirineler]

Karpaten (de)	Karpatlar	[karpatlar]
Oeralgebergte (het)	Ural Dağları	[ural daaları]
Kaukasus (de)	Kafkasya	[kafkasja]
Elbroes (de)	Elbruz Dağı	[elbrus daaı]

Altaj (de)	Altay	[altaj]
Tiensjan (de)	Tien-şan	[tjen ʃan]
Pamir (de)	Pamir	[pamir]
Himalaya (de)	Himalaya Dağları	[himalaja daaları]
Everest (de)	Everest Dağı	[everest daaı]

| Andes (de) | And Dağları | [and daaları] |
| Kilimanjaro (de) | Kilimanjaro | [kilimandʒaro] |

129. Rivieren

rivier (de)	nehir, ırmak	[nehir], [ırmak]
bron (~ van een rivier)	kaynak	[kajnak]
rivierbedding (de)	nehir yatağı	[nehir jataı]
rivierbekken (het)	havza	[havza]
uitmonden in ...	... dökülmek	[døkylmek]

| zijrivier (de) | kol | [kol] |
| oever (de) | sahil | [sahil] |

stroming (de)	akıntı	[akıntı]
stroomafwaarts (bw)	nehir boyunca	[nehir bojundʒa]
stroomopwaarts (bw)	nehirden yukarı	[nehirden jukarı]

overstroming (de)	taşkın	[taʃkın]
overstroming (de)	nehrin taşması	[nehrin taʃması]
buiten zijn oevers treden	taşmak	[taʃmak]
overstromen (ww)	su basmak	[su basmak]

| zandbank (de) | sığlık | [sıːılık] |
| stroomversnelling (de) | nehrin akıntılı yeri | [nehrin akıntılı jeri] |

dam (de)	baraj	[baraʒ]
kanaal (het)	kanal	[kanal]
spaarbekken (het)	baraj gölü	[baraʒ gøly]
sluis (de)	alavere havuzu	[alavere havuzu]
waterlichaam (het)	su birikintisi	[su birikintisi]
moeras (het)	bataklık	[bataklık]

broek (het)	bataklık arazi	[bataklık arazi]
draaikolk (de)	girdap	[girdap]
stroom (de)	dere	[dere]
drink- (abn)	içilir	[itʃilir]
zoet (~ water)	tatlı	[tatlı]
ijs (het)	buz	[buz]
bevriezen (rivier, enz.)	buz tutmak	[buz tutmak]

130. Namen van rivieren

Seine (de)	Sen nehri	[sen nehri]
Loire (de)	Loire nehri	[luara nehri]
Theems (de)	Thames nehri	[temz nehri]
Rijn (de)	Ren nehri	[ren nehri]
Donau (de)	Tuna nehri	[tuna nehri]
Wolga (de)	Volga nehri	[volga nehri]
Don (de)	Don nehri	[don nehri]
Lena (de)	Lena nehri	[lena nehri]
Gele Rivier (de)	Sarı Irmak	[sarı ırmak]
Blauwe Rivier (de)	Yangçe nehri	[jangtʃe nehri]
Mekong (de)	Mekong nehri	[mekong nehri]
Ganges (de)	Ganj nehri	[ganʒ nehri]
Nijl (de)	Nil nehri	[nil nehri]
Kongo (de)	Kongo nehri	[kongo nehri]
Okavango (de)	Okavango nehri	[okavango nehri]
Zambezi (de)	Zambezi nehri	[zambezi nehri]
Limpopo (de)	Limpopo nehri	[limpopo nehri]
Mississippi (de)	Mississippi nehri	[misisipi nehri]

131. Bos

bos (het)	orman	[orman]
bos- (abn)	orman	[orman]
oerwoud (dicht bos)	kesif orman	[kesif orman]
bosje (klein bos)	koru, ağaçlık	[koru], [aatʃlık]
open plek (de)	ormanda açıklığı	[ormanda atʃıklı:ı]
struikgewas (het)	sık ağaçlık	[ʃık aatʃlık]
struiken (mv.)	çalılık	[tʃalılık]
paadje (het)	keçi yolu	[ketʃi jolu]
ravijn (het)	sel yatağı	[sel jataı]
boom (de)	ağaç	[aatʃ]
blad (het)	yaprak	[japrak]

gebladerte (het)	yapraklar	[japraklar]
vallende bladeren (mv.)	yaprak dökümü	[japrak døkymy]
vallen (ov. de bladeren)	dökülmek	[døkylmek]
boomtop (de)	ağacın tepesi	[aadʒın tepesi]
tak (de)	dal	[dal]
ent (de)	ağaç dalı	[aatʃ dalı]
knop (de)	tomurcuk	[tomurdʒuk]
naald (de)	iğne yaprak	[i:ine japrak]
dennenappel (de)	kozalak	[kozalak]
boom holte (de)	kovuk	[kovuk]
nest (het)	yuva	[juva]
hol (het)	in	[in]
stam (de)	gövde	[gøvde]
wortel (bijv. boom~s)	kök	[køk]
schors (de)	kabuk	[kabuk]
mos (het)	yosun	[josun]
ontwortelen (een boom)	kökünden sökmek	[køkynden søkmek]
kappen (een boom ~)	kesmek	[kesmek]
ontbossen (ww)	ağaçları yok etmek	[aatʃları jok etmek]
stronk (de)	kütük	[kytyk]
kampvuur (het)	kamp ateşi	[kamp ateʃi]
bosbrand (de)	yangın	[jangın]
blussen (ww)	söndürmek	[søndyrmek]
boswachter (de)	orman bekçisi	[orman bektʃisi]
bescherming (de)	koruma	[koruma]
beschermen (bijv. de natuur ~)	korumak	[korumak]
stroper (de)	kaçak avcı	[katʃak avdʒı]
val (de)	kapan	[kapan]
plukken (vruchten, enz.)	toplamak	[toplamak]
verdwalen (de weg kwijt zijn)	yolunu kaybetmek	[jolunu kajbetmek]

132. Natuurlijke hulpbronnen

natuurlijke rijkdommen (mv.)	doğal kaynaklar	[doal kajnaklar]
delfstoffen (mv.)	madensel maddeler	[madensel maddeler]
lagen (mv.)	katman	[katman]
veld (bijv. olie~)	yatak	[jatak]
winnen (uit erts ~)	çıkarmak	[tʃıkarmak]
winning (de)	maden çıkarma	[maden tʃıkarma]
erts (het)	filiz	[filiz]
mijn (bijv. kolenmijn)	maden ocağı	[maden odʒaı]
mijnschacht (de)	kuyu	[kuju]
mijnwerker (de)	maden işçisi	[maden iʃtʃisi]
gas (het)	gaz	[gaz]
gasleiding (de)	gaz boru hattı	[gaz boru hattı]

olie (aardolie)	petrol	[petrol]
olieleiding (de)	petrol boru hattı	[petrol boru hattı]
oliebron (de)	petrol kulesi	[petrol kulesi]
boortoren (de)	sondaj kulesi	[sondaʒ kulesi]
tanker (de)	tanker	[tanker]
zand (het)	kum	[kum]
kalksteen (de)	kireçtaşı	[kiretʃtaʃı]
grind (het)	çakıl	[tʃakılı]
veen (het)	turba	[turba]
klei (de)	kil	[kil]
steenkool (de)	kömür	[kømyr]
ijzer (het)	demir	[demir]
goud (het)	altın	[altın]
zilver (het)	gümüş	[gymyʃ]
nikkel (het)	nikel	[nikel]
koper (het)	bakır	[bakır]
zink (het)	çinko	[tʃinko]
mangaan (het)	manganez	[manganez]
kwik (het)	cıva	[dʒıva]
lood (het)	kurşun	[kurʃun]
mineraal (het)	mineral	[mineral]
kristal (het)	billur	[billyr]
marmer (het)	mermer	[mermer]
uraan (het)	uranyum	[uranjum]

De Aarde. Deel 2

133. Weer

weer (het)	hava	[hava]
weersvoorspelling (de)	hava tahmini	[hava tahmini]
temperatuur (de)	sıcaklık	[sıdʒaklık]
thermometer (de)	termometre	[termometre]
barometer (de)	barometre	[barometre]
vochtig (bn)	nemli	[nemli]
vochtigheid (de)	nem	[nem]
hitte (de)	sıcaklık	[sıdʒaklık]
heet (bn)	sıcak	[sıdʒak]
het is heet	hava sıcak	[hava sıdʒak]
het is warm	hava ılık	[hava ılık]
warm (bn)	ılık	[ılık]
het is koud	hava soğuk	[hava souk]
koud (bn)	soğuk	[souk]
zon (de)	güneş	[gyneʃ]
schijnen (de zon)	ışık vermek	[ıʃık vermek]
zonnig (~e dag)	güneşli	[gyneʃli]
opgaan (ov. de zon)	doğmak	[doomak]
ondergaan (ww)	batmak	[batmak]
wolk (de)	bulut	[bulut]
bewolkt (bn)	bulutlu	[bulutlu]
regenwolk (de)	yağmur bulutu	[jaamur bulutu]
somber (bn)	kapalı	[kapalı]
regen (de)	yağmur	[jaamur]
het regent	yağmur yağıyor	[jaamur jaıjor]
regenachtig (bn)	yağmurlu	[jaamurlu]
motregenen (ww)	çiselemek	[tʃiselemek]
plensbui (de)	sağanak	[saanak]
stortbui (de)	şiddetli yağmur	[ʃiddetli jaamur]
hard (bn)	şiddetli, zorlu	[ʃiddetli], [zorlu]
plas (de)	su birikintisi	[su birikintisi]
nat worden (ww)	ıslanmak	[ıslanmak]
mist (de)	sis, duman	[sis], [duman]
mistig (bn)	sisli	[sisli]
sneeuw (de)	kar	[kar]
het sneeuwt	kar yağıyor	[kar jaıjor]

134. Zwaar weer. Natuurrampen

noodweer (storm)	fırtına	[fırtına]
bliksem (de)	şimşek	[ʃimʃek]
flitsen (ww)	çakmak	[tʃakmak]
donder (de)	gök gürültüsü	[gøk gyryltysy]
donderen (ww)	gürlemek	[gyrlemek]
het dondert	gök gürlüyor	[gøk gyrlyjor]
hagel (de)	dolu	[dolu]
het hagelt	dolu yağıyor	[dolu jaıjor]
overstromen (ww)	su basmak	[su basmak]
overstroming (de)	taşkın	[taʃkın]
aardbeving (de)	deprem	[deprem]
aardschok (de)	sarsıntı	[sarsıntı]
epicentrum (het)	deprem merkezi	[deprem merkezi]
uitbarsting (de)	püskürme	[pyskyrme]
lava (de)	lav	[lav]
wervelwind (de)	hortum	[hortum]
windhoos (de)	kasırga	[kasırga]
tyfoon (de)	tayfun	[tajfun]
orkaan (de)	kasırga	[kasırga]
storm (de)	fırtına	[fırtına]
tsunami (de)	tsunami	[tsunami]
cycloon (de)	siklon	[siklon]
onweer (het)	kötü hava	[køty hava]
brand (de)	yangın	[jangın]
ramp (de)	felaket	[felaket]
meteoriet (de)	göktaşı	[gøktaʃı]
lawine (de)	çığ	[tʃıːı]
sneeuwverschuiving (de)	çığ	[tʃıːı]
sneeuwjacht (de)	tipi	[tipi]
sneeuwstorm (de)	kar fırtınası	[kar fırtınası]

Fauna

135. Zoogdieren. Roofdieren

roofdier (het)	yırtıcı hayvan	[jırtıdʒı hajvan]
tijger (de)	kaplan	[kaplan]
leeuw (de)	aslan	[aslan]
wolf (de)	kurt	[kurt]
vos (de)	tilki	[tilki]
jaguar (de)	jagar, jaguar	[ʒagar]
luipaard (de)	leopar	[leopar]
jachtluipaard (de)	çita	[tʃita]
panter (de)	panter	[panter]
poema (de)	puma	[puma]
sneeuwluipaard (de)	kar leoparı	[kar leoparı]
lynx (de)	vaşak	[vaʃak]
coyote (de)	kır kurdu	[kır kurdu]
jakhals (de)	çakal	[tʃakal]
hyena (de)	sırtlan	[sırtlan]

136. Wilde dieren

dier (het)	hayvan	[hajvan]
beest (het)	vahşi hayvan	[vahʃi hajvan]
eekhoorn (de)	sincap	[sindʒap]
egel (de)	kirpi	[kirpi]
haas (de)	yabani tavşan	[jabani tavʃan]
konijn (het)	tavşan	[tavʃan]
das (de)	porsuk	[porsuk]
wasbeer (de)	rakun	[rakun]
hamster (de)	cırlak sıçan	[dʒirlak sıtʃan]
marmot (de)	dağ sıçanı	[daa sıtʃanı]
mol (de)	köstebek	[køstebek]
muis (de)	fare	[fare]
rat (de)	sıçan	[sıtʃan]
vleermuis (de)	yarasa	[jarasa]
hermelijn (de)	kakım	[kakım]
sabeldier (het)	samur	[samur]
marter (de)	ağaç sansarı	[aatʃ sansarı]
wezel (de)	gelincik	[gelindʒik]
nerts (de)	vizon	[vizon]

bever (de)	kunduz	[kunduz]
otter (de)	su samuru	[su samuru]
paard (het)	at	[at]
eland (de)	Avrupa musu	[avrupa musu]
hert (het)	geyik	[gejik]
kameel (de)	deve	[deve]
bizon (de)	bizon	[bizon]
wisent (de)	Avrupa bizonu	[avrupa bizonu]
buffel (de)	manda	[manda]
zebra (de)	zebra	[zebra]
antilope (de)	antilop	[antilop]
ree (de)	karaca	[karadʒa]
damhert (het)	alageyik	[alagejik]
gems (de)	dağ keçisi	[daa ketʃisi]
everzwijn (het)	yaban domuzu	[jaban domuzu]
walvis (de)	balina	[balina]
rob (de)	fok	[fok]
walrus (de)	mors	[mors]
zeebeer (de)	kürklü fok balığı	[kyrkly fok balı:ı]
dolfijn (de)	yunus	[junus]
beer (de)	ayı	[ajı]
ijsbeer (de)	beyaz ayı	[bejaz ajı]
panda (de)	panda	[panda]
aap (de)	maymun	[majmun]
chimpansee (de)	şempanze	[ʃempanze]
orang-oetan (de)	orangutan	[orangutan]
gorilla (de)	goril	[goril]
makaak (de)	makak	[makak]
gibbon (de)	jibon	[ʒibon]
olifant (de)	fil	[fil]
neushoorn (de)	gergedan	[gergedan]
giraffe (de)	zürafa	[zyrafa]
nijlpaard (het)	su aygırı	[su ajgırı]
kangoeroe (de)	kanguru	[kanguru]
koala (de)	koala	[koala]
mangoest (de)	firavunfaresi	[fıravunfaresi]
chinchilla (de)	şinşilla	[ʃinʃilla]
stinkdier (het)	kokarca	[kokardʒa]
stekelvarken (het)	oklukirpi	[oklukirpi]

137. Huisdieren

poes (de)	kedi	[kedi]
kater (de)	erkek kedi	[erkek kedi]
hond (de)	köpek	[køpek]

paard (het)	at	[at]
hengst (de)	aygır	[ajgır]
merrie (de)	kısrak	[kısrak]

koe (de)	inek	[inek]
bul, stier (de)	boğa	[boa]
os (de)	öküz	[økyz]

schaap (het)	koyun	[kojun]
ram (de)	koç	[kotʃ]
geit (de)	keçi	[ketʃi]
bok (de)	teke	[teke]

| ezel (de) | eşek | [eʃek] |
| muilezel (de) | katır | [katır] |

varken (het)	domuz	[domuz]
biggetje (het)	domuz yavrusu	[domuz javrusu]
konijn (het)	tavşan	[tavʃan]

| kip (de) | tavuk | [tavuk] |
| haan (de) | horoz | [horoz] |

eend (de)	ördek	[ørdek]
woerd (de)	suna	[suna]
gans (de)	kaz	[kaz]

| kalkoen haan (de) | erkek hindi | [erkek hindi] |
| kalkoen (de) | dişi hindi | [diʃi hindi] |

huisdieren (mv.)	evcil hayvanlar	[evdʒil hajvanlar]
tam (bijv. hamster)	evcil	[evdʒil]
temmen (tam maken)	evcilleştirmek	[evdʒilleʃtirmek]
fokken (bijv. paarden ~)	yetiştirmek	[jetiʃtirmek]

boerderij (de)	çiftlik	[tʃiftlik]
gevogelte (het)	kümse hayvanları	[kymse hajvanları]
rundvee (het)	çiftlik hayvanları	[tʃiftlik hajvanları]
kudde (de)	sürü	[syry]

paardenstal (de)	ahır	[ahır]
zwijnenstal (de)	domuz ahırı	[domuz ahırı]
koeienstal (de)	inek ahırı	[inek ahırı]
konijnenhok (het)	tavşan kafesi	[tavʃan kafesi]
kippenhok (het)	tavuk kümesi	[tavuk kymesi]

138. Vogels

vogel (de)	kuş	[kuʃ]
duif (de)	güvercin	[gyverdʒin]
mus (de)	serçe	[sertʃe]
koolmees (de)	baştankara	[baʃtankara]
ekster (de)	saksağan	[saksaan]
raaf (de)	kara karga, kuzgun	[kara karga], [kuzgun]

kraai (de)	karga	[karga]
kauw (de)	küçük karga	[kytʃuk karga]
roek (de)	ekin kargası	[ekin kargası]

eend (de)	ördek	[ørdek]
gans (de)	kaz	[kaz]
fazant (de)	sülün	[sylyn]

arend (de)	kartal	[kartal]
havik (de)	atmaca	[atmadʒa]
valk (de)	doğan	[doan]
gier (de)	akbaba	[akbaba]
condor (de)	kondor	[kondor]

zwaan (de)	kuğu	[kuu]
kraanvogel (de)	turna	[turna]
ooievaar (de)	leylek	[lejlek]

papegaai (de)	papağan	[papaan]
kolibrie (de)	sinekkuşu	[sinek kuʃu]
pauw (de)	tavus	[tavus]

struisvogel (de)	deve kuşu	[deve kuʃu]
reiger (de)	balıkçıl	[balıktʃil]
flamingo (de)	flamingo	[flamingo]
pelikaan (de)	pelikan	[pelikan]

| nachtegaal (de) | bülbül | [bylbyl] |
| zwaluw (de) | kırlangıç | [kırlangıtʃ] |

lijster (de)	ardıç kuşu	[ardıtʃ kuʃu]
zanglijster (de)	öter ardıç kuşu	[øter ardıtʃ kuʃu]
merel (de)	karatavuk	[kara tavuk]

gierzwaluw (de)	sağan	[saan]
leeuwerik (de)	toygar	[tojgar]
kwartel (de)	bıldırcın	[bıldırdʒın]

specht (de)	ağaçkakan	[aatʃkakan]
koekoek (de)	guguk	[guguk]
uil (de)	baykuş	[bajkuʃ]
oehoe (de)	puhu kuşu	[puhu kuʃu]
auerhoen (het)	çalıhorozu	[tʃalı horozu]
korhoen (het)	kayın tavuğu	[kajın tavuu]
patrijs (de)	keklik	[keklik]

spreeuw (de)	sığırcık	[sıːırdʒık]
kanarie (de)	kanarya	[kanarja]
hazelhoen (het)	çil	[tʃil]

| vink (de) | ispinoz | [ispinoz] |
| goudvink (de) | şakrak kuşu | [ʃakrak kuʃu] |

meeuw (de)	martı	[martı]
albatros (de)	albatros	[albatros]
pinguïn (de)	penguen	[penguen]

139. Vis. Zeedieren

brasem (de)	çapak balığı	[tʃapak balı:ı]
karper (de)	sazan	[sazan]
baars (de)	tatlı su levreği	[tatlı su levrei]
meerval (de)	yayın	[jajın]
snoek (de)	turna balığı	[turna balı:ı]
zalm (de)	som balığı	[som balı:ı]
steur (de)	mersin balığı	[mersin balı:ı]
haring (de)	ringa	[ringa]
atlantische zalm (de)	som, somon	[som], [somon]
makreel (de)	uskumru	[uskumru]
platvis (de)	kalkan	[kalkan]
snoekbaars (de)	uzunlevrek	[uzunlevrek]
kabeljauw (de)	morina balığı	[morina balı:ı]
tonijn (de)	ton balığı	[ton balı:ı]
forel (de)	alabalık	[alabalık]
paling (de)	yılan balığı	[jılan balı:ı]
sidderrog (de)	torpilbalığı	[torpil balı:ı]
murene (de)	murana	[murana]
piranha (de)	pirana	[pirana]
haai (de)	köpek balığı	[køpek balı:ı]
dolfijn (de)	yunus	[junus]
walvis (de)	balina	[balina]
krab (de)	yengeç	[jengetʃ]
kwal (de)	denizanası	[deniz anası]
octopus (de)	ahtapot	[ahtapot]
zeester (de)	deniz yıldızı	[deniz jıldızı]
zee-egel (de)	deniz kirpisi	[deniz kirpisi]
zeepaardje (het)	denizatı	[denizatı]
oester (de)	istiridye	[istiridje]
garnaal (de)	karides	[karides]
kreeft (de)	ıstakoz	[ıstakoz]
langoest (de)	langust	[langust]

140. Amfibieën. Reptielen

slang (de)	yılan	[jılan]
giftig (slang)	zehirli	[zehirli]
adder (de)	engerek	[engirek]
cobra (de)	kobra	[kobra]
python (de)	piton	[piton]
boa (de)	boa yılanı	[boa jılanı]
ringslang (de)	çayır yılanı	[tʃajır jılanı]

ratelslang (de)	çıngıraklı yılan	[tʃɪrgɪraklɪ jɪlan]
anaconda (de)	anakonda	[anakonda]
hagedis (de)	kertenkele	[kertenkele]
leguaan (de)	iguana	[iguana]
varaan (de)	varan	[varan]
salamander (de)	salamandra	[salamandra]
kameleon (de)	bukalemun	[bukalemun]
schorpioen (de)	akrep	[akrep]
schildpad (de)	kaplumbağa	[kaplumbaa]
kikker (de)	kurbağa	[kurbaa]
pad (de)	kara kurbağa	[kara kurbaa]
krokodil (de)	timsah	[timsah]

141. Insecten

insect (het)	böcek, haşere	[bødʒek], [haʃere]
vlinder (de)	kelebek	[kelebek]
mier (de)	karınca	[karɪndʒa]
vlieg (de)	sinek	[sinek]
mug (de)	sivri sinek	[sivri sinek]
kever (de)	böcek	[bødʒek]
wesp (de)	eşek arısı	[eʃek arɪsɪ]
bij (de)	arı	[arɪ]
hommel (de)	toprak yaban arısı	[toprak jaban arısı]
horzel (de)	at sineği	[at sinei]
spin (de)	örümcek	[ørymdʒek]
spinnenweb (het)	örümcek ağı	[ørymdʒek aɪ]
libel (de)	kız böceği	[kɪz bødʒei]
sprinkhaan (de)	çekirge	[tʃekirge]
nachtvlinder (de)	pervane	[pervane]
kakkerlak (de)	hamam böceği	[hamam bødʒei]
teek (de)	kene, sakırga	[kene], [sakırga]
vlo (de)	pire	[pire]
kriebelmug (de)	tatarcık	[tatardʒɪk]
treksprinkhaan (de)	çekirge	[tʃekirge]
slak (de)	sümüklü böcek	[symykly bødʒek]
krekel (de)	cırcır böceği	[dʒɪrdʒɪr bødʒei]
glimworm (de)	ateş böceği	[ateʃ bødʒei]
lieveheersbeestje (het)	uğur böceği	[uur bødʒei]
meikever (de)	mayıs böceği	[majɪs bødʒei]
bloedzuiger (de)	sülük	[sylyk]
rups (de)	tırtıl	[tɪrtɪl]
aardworm (de)	solucan	[soludʒan]
larve (de)	kurtçuk	[kurtʃuk]

Flora

142. Bomen

boom (de)	ağaç	[aaʧ]
loof- (abn)	geniş yapraklı	[geniʃ japraklı]
dennen- (abn)	iğne yapraklı	[i:ine japraklı]
groenblijvend (bn)	her dem taze	[her dem taze]
appelboom (de)	elma ağacı	[elma aadʒı]
perenboom (de)	armut ağacı	[armut aadʒı]
zoete kers (de)	kiraz ağacı	[kiraz aadʒı]
zure kers (de)	vişne ağacı	[viʃne aadʒı]
pruimelaar (de)	erik ağacı	[erik aadʒı]
berk (de)	huş ağacı	[huʃ aadʒı]
eik (de)	meşe	[meʃe]
linde (de)	ıhlamur	[ıhlamur]
esp (de)	titrek kavak	[titrek kavak]
esdoorn (de)	akça ağaç	[akʧa aaʧ]
spar (de)	ladin	[ladin]
den (de)	çam ağacı	[ʧam aadʒı]
lariks (de)	melez ağacı	[melez aadʒı]
zilverspar (de)	köknar	[køknar]
ceder (de)	sedir	[sedir]
populier (de)	kavak	[kɑvɑk]
lijsterbes (de)	üvez ağacı	[yvez aadʒı]
wilg (de)	söğüt	[søjut]
els (de)	kızılağaç	[kızılaaʧ]
beuk (de)	kayın	[kajın]
iep (de)	karaağaç	[kara aaʧ]
es (de)	dişbudak ağacı	[diʃbudak aadʒı]
kastanje (de)	kestane	[kestane]
magnolia (de)	manolya	[manolja]
palm (de)	palmiye	[palmije]
cipres (de)	servi	[servi]
mangrove (de)	mangrov	[mangrov]
baobab (apenbroodboom)	baobab ağacı	[baobab aadʒı]
eucalyptus (de)	okaliptüs	[okaliptys]
mammoetboom (de)	sekoya	[sekoja]

143. Heesters

struik (de)	çalı	[ʧalı]
heester (de)	çalılık	[ʧalılık]

| wijnstok (de) | üzüm | [yzym] |
| wijngaard (de) | bağ | [baa] |

frambozenstruik (de)	ahududu	[ahududu]
zwarte bes (de)	siyah frenk üzümü	[sijah frenk yzymy]
rode bessenstruik (de)	kırmızı frenk üzümü	[kırmızı frenk yzymy]
kruisbessenstruik (de)	bektaşi üzümü	[bektaʃi yzymy]

acacia (de)	akasya	[akasja]
zuurbes (de)	diken üzümü	[diken yzymy]
jasmijn (de)	yasemin	[jasemin]

jeneverbes (de)	ardıç	[ardıtʃ]
rozenstruik (de)	gül ağacı	[gyl aadʒı]
hondsroos (de)	yaban gülü	[jaban gyly]

144. Vruchten. Bessen

vrucht (de)	meyve	[mejve]
vruchten (mv.)	meyveler	[mejveler]
appel (de)	elma	[elma]
peer (de)	armut	[armut]
pruim (de)	erik	[erik]

aardbei (de)	çilek	[tʃilek]
zure kers (de)	vişne	[viʃne]
zoete kers (de)	kiraz	[kiraz]
druif (de)	üzüm	[yzym]

framboos (de)	ahududu	[ahududu]
zwarte bes (de)	siyah frenk üzümü	[sijah frenk yzymy]
rode bes (de)	kırmızı frenk üzümü	[kırmızı frenk yzymy]
kruisbes (de)	bektaşi üzümü	[bektaʃi yzymy]
veenbes (de)	kızılcık	[kızıldʒık]

sinaasappel (de)	portakal	[portakal]
mandarijn (de)	mandalina	[mandalina]
ananas (de)	ananas	[ananas]

| banaan (de) | muz | [muz] |
| dadel (de) | hurma | [hurma] |

citroen (de)	limon	[limon]
abrikoos (de)	kayısı	[kajısı]
perzik (de)	şeftali	[ʃeftali]

| kiwi (de) | kivi | [kivi] |
| grapefruit (de) | greypfrut | [grejpfrut] |

bes (de)	meyve, yemiş	[mejve], [jemiʃ]
bessen (mv.)	yemişler	[jemiʃler]
vossenbes (de)	kırmızı yaban mersini	[kırmızı jaban mersini]
bosaardbei (de)	yabani çilek	[jabani tʃilek]
blauwe bosbes (de)	yaban mersini	[jaban mersini]

145. Bloemen. Planten

bloem (de)	çiçek	[tʃitʃek]
boeket (het)	demet	[demet]

roos (de)	gül	[gyl]
tulp (de)	lale	[lale]
anjer (de)	karanfil	[karanfil]
gladiool (de)	glayöl	[glajøl]

korenbloem (de)	peygamber çiçeği	[pejgamber tʃitʃei]
klokje (het)	çançiçeği	[tʃantʃitʃei]
paardenbloem (de)	hindiba	[hindiba]
kamille (de)	papatya	[papatja]

aloë (de)	sarısabır	[sarısabır]
cactus (de)	kaktüs	[kaktys]
ficus (de)	kauçuk ağacı	[kautʃuk aadʒı]

lelie (de)	zambak	[zambak]
geranium (de)	sardunya	[sardunija]
hyacint (de)	sümbül	[symbyl]

mimosa (de)	mimoza	[mimoza]
narcis (de)	nergis	[nergis]
Oost-Indische kers (de)	latin çiçeği	[latin tʃitʃei]

orchidee (de)	orkide	[orkide]
pioenroos (de)	şakayık	[ʃakajık]
viooltje (het)	menekşe	[menekʃe]

driekleurig viooltje (het)	hercai menekşe	[hordʒai menekʃe]
vergeet-mij-nietje (het)	unutmabeni	[unutmabeni]
madeliefje (het)	papatya	[papatja]

papaver (de)	haşhaş	[haʃhaʃ]
hennep (de)	kendir	[kendir]
munt (de)	nane	[nane]

lelietje-van-dalen (het)	inci çiçeği	[indʒi tʃitʃei]
sneeuwklokje (het)	kardelen	[kardelen]

brandnetel (de)	ısırgan otu	[ısırgan otu]
veldzuring (de)	kuzukulağı	[kuzukulaı]
waterlelie (de)	beyaz nilüfer	[bejaz nilyfer]
varen (de)	eğreltiotu	[eereltiotu]
korstmos (het)	liken	[liken]

oranjerie (de)	limonluk	[limonlyk]
gazon (het)	çimen	[tʃimen]
bloemperk (het)	çiçek tarhı	[tʃitʃek tarhı]

plant (de)	bitki	[bitki]
gras (het)	ot	[ot]
grasspriet (de)	ot çöpü	[ot tʃøpy]

blad (het)	yaprak	[japrak]
bloemblad (het)	taçyaprağı	[tatʃjapraı]
stengel (de)	sap	[sap]
knol (de)	yumru	[jumru]
scheut (de)	filiz	[filiz]
doorn (de)	diken	[diken]
bloeien (ww)	çiçeklenmek	[tʃitʃeklenmek]
verwelken (ww)	solmak	[solmak]
geur (de)	koku	[koku]
snijden (bijv. bloemen ~)	kesmek	[kesmek]
plukken (bloemen ~)	koparmak	[koparmak]

146. Granen, graankorrels

graan (het)	tahıl, tane	[tahıl], [tane]
graangewassen (mv.)	tahıllar	[tahıllar]
aar (de)	başak	[baʃak]
tarwe (de)	buğday	[buudaj]
rogge (de)	çavdar	[tʃavdar]
haver (de)	yulaf	[julaf]
gierst (de)	darı	[darı]
gerst (de)	arpa	[arpa]
maïs (de)	mısır	[mısır]
rijst (de)	pirinç	[pirintʃ]
boekweit (de)	karabuğday	[karabuudaj]
erwt (de)	bezelye	[bezelje]
nierboon (de)	fasulye	[fasulje]
soja (de)	soya	[soja]
linze (de)	mercimek	[merdʒimek]
bonen (mv.)	bakla	[bakla]

LANDEN. NATIONALITEITEN

147. West-Europa

Europa (het)	Avrupa	[avrupa]
Europese Unie (de)	Avrupa Birliği	[avrupa birli:i]
Oostenrijk (het)	Avusturya	[avusturja]
Groot-Brittannië (het)	Büyük Britanya	[byjuk britanja]
Engeland (het)	İngiltere	[ingiltere]
België (het)	Belçika	[beltʃika]
Duitsland (het)	Almanya	[almanja]
Nederland (het)	Hollanda	[hollanda]
Holland (het)	Hollanda	[hollanda]
Griekenland (het)	Yunanistan	[junanistan]
Denemarken (het)	Danimarka	[danimarka]
Ierland (het)	İrlanda	[irlanda]
IJsland (het)	İzlanda	[izlanda]
Spanje (het)	İspanya	[ispanja]
Italië (het)	İtalya	[italja]
Cyprus (het)	Kıbrıs	[kıbrıs]
Malta (het)	Malta	[malta]
Noorwegen (het)	Norveç	[norvetʃ]
Portugal (het)	Portekiz	[portekiz]
Finland (het)	Finlandiya	[finlandja]
Frankrijk (het)	Fransa	[fransa]
Zweden (het)	İsveç	[isvetʃ]
Zwitserland (het)	İsviçre	[isvitʃre]
Schotland (het)	İskoçya	[iskotʃja]
Vaticaanstad (de)	Vatikan	[vatikan]
Liechtenstein (het)	Lihtenştayn	[lihtenʃtajn]
Luxemburg (het)	Lüksemburg	[lyksemburg]
Monaco (het)	Monako	[monako]

148. Centraal- en Oost-Europa

Albanië (het)	Arnavutluk	[arnavutluk]
Bulgarije (het)	Bulgaristan	[bulgaristan]
Hongarije (het)	Macaristan	[madʒaristan]
Letland (het)	Letonya	[letonja]
Litouwen (het)	Litvanya	[litvanja]
Polen (het)	Polonya	[polonja]

Roemenië (het)	Romanya	[romanja]
Servië (het)	Sırbistan	[sırbistan]
Slowakije (het)	Slovakya	[slovakja]

Kroatië (het)	Hırvatistan	[hırvatistan]
Tsjechië (het)	Çek Cumhuriyeti	[ʧek dʒumhurijeti]
Estland (het)	Estonya	[estonja]

Bosnië en Herzegovina (het)	Bosna-Hersek	[bosna hertsek]
Macedonië (het)	Makedonya	[makedonja]
Slovenië (het)	Slovenya	[slovenja]
Montenegro (het)	Karadağ	[karadaa]

149. Voormalige USSR landen

| Azerbeidzjan (het) | Azerbaycan | [azerbajdʒan] |
| Armenië (het) | Ermenistan | [ermenistan] |

Wit-Rusland (het)	Beyaz Rusya	[bejaz rusja]
Georgië (het)	Gürcistan	[gyrdʒistan]
Kazakstan (het)	Kazakistan	[kazakistan]
Kirgizië (het)	Kırgızistan	[kırgızistan]
Moldavië (het)	Moldova	[moldova]

| Rusland (het) | Rusya | [rusja] |
| Oekraïne (het) | Ukrayna | [ukrajna] |

Tadzjikistan (het)	Tacikistan	[tadʒikistan]
Turkmenistan (het)	Türkmenistan	[tyrkmenistan]
Oezbekistan (het)	Özbekistan	[øzbekistan]

150. Azië

Azië (het)	Asya	[asja]
Vietnam (het)	Vietnam	[vjetnam]
India (het)	Hindistan	[hindistan]
Israël (het)	İsrail	[israil]

China (het)	Çin	[ʧin]
Libanon (het)	Lübnan	[lybnan]
Mongolië (het)	Moğolistan	[moolistan]

| Maleisië (het) | Malezya | [malezja] |
| Pakistan (het) | Pakistan | [pakistan] |

Saoedi-Arabië (het)	Suudi Arabistan	[suudi arabistan]
Thailand (het)	Tayland	[tailand]
Taiwan (het)	Tayvan	[tajvan]
Turkije (het)	Türkiye	[tyrkije]
Japan (het)	Japonya	[ʒaponja]
Afghanistan (het)	Afganistan	[afganistan]
Bangladesh (het)	Bangladeş	[bangladeʃ]

Indonesië (het)	Endonezya	[endonezja]
Jordanië (het)	Ürdün	[urdyn]
Irak (het)	Irak	[ırak]
Iran (het)	İran	[iran]
Cambodja (het)	Kamboçya	[kambotʃja]
Koeweit (het)	Kuveyt	[kuvejt]
Laos (het)	Laos	[laos]
Myanmar (het)	Myanmar	[mjanmar]
Nepal (het)	Nepal	[nepal]
Verenigde Arabische Emiraten	Birleşik Arap Emirlikleri	[birleʃik arap emirlikleri]
Syrië (het)	Suriye	[surije]
Palestijnse autonomie (de)	Filistin	[filistin]
Zuid-Korea (het)	Güney Kore	[gynej kore]
Noord-Korea (het)	Kuzey Kore	[kuzej kore]

151. Noord-Amerika

Verenigde Staten van Amerika	Amerika Birleşik Devletleri	[amerika birleʃik devletleri]
Canada (het)	Kanada	[kanada]
Mexico (het)	Meksika	[meksika]

152. Midden- en Zuid-Amerika

Argentinië (het)	Arjantin	[arʒantin]
Brazilië (het)	Brezilya	[brezilja]
Colombia (het)	Kolombiya	[kolombija]
Cuba (het)	Küba	[kyba]
Chili (het)	Şili	[ʃili]
Bolivia (het)	Bolivya	[bolivja]
Venezuela (het)	Venezuela	[venezuela]
Paraguay (het)	Paraguay	[paraguaj]
Peru (het)	Peru	[peru]
Suriname (het)	Surinam	[surinam]
Uruguay (het)	Uruguay	[urugvaj]
Ecuador (het)	Ekvator	[ekvator]
Bahama's (mv.)	Bahama adaları	[bahama adaları]
Haïti (het)	Haiti	[haiti]
Dominicaanse Republiek (de)	Dominik Cumhuriyeti	[dominik dʒumhurijeti]
Panama (het)	Panama	[panama]
Jamaica (het)	Jamaika	[ʒamajka]

153. Afrika

Egypte (het)	Mısır	[mısır]
Marokko (het)	Fas	[fas]
Tunesië (het)	Tunus	[tunus]
Ghana (het)	Gana	[gana]
Zanzibar (het)	Zanzibar	[zanzibar]
Kenia (het)	Kenya	[kenja]
Libië (het)	Libya	[libja]
Madagaskar (het)	Madagaskar	[madagaskar]
Namibië (het)	Namibya	[namibja]
Senegal (het)	Senegal	[senegal]
Tanzania (het)	Tanzanya	[tanzanja]
Zuid-Afrika (het)	Güney Afrika Cumhuriyeti	[gynej afrika dʒumhurijeti]

154. Australië. Oceanië

Australië (het)	Avustralya	[avustralja]
Nieuw-Zeeland (het)	Yeni Zelanda	[jeni zelanda]
Tasmanië (het)	Tazmanya	[tazmanija]
Frans-Polynesië	Fransız Polinezisi	[fransız polinezisi]

155. Steden

Amsterdam	Amsterdam	[amsterdam]
Ankara	Ankara	[ankara]
Athene	Atina	[atina]
Bagdad	Bağdat	[baadat]
Bangkok	Bangkok	[bankok]
Barcelona	Barselona	[barselona]
Beiroet	Beyrut	[bejrut]
Berlijn	Berlin	[berlin]
Boedapest	Budapeşte	[budapeʃte]
Boekarest	Bükreş	[bykreʃ]
Bombay, Mumbai	Bombay	[bombaj]
Bonn	Bonn	[bonn]
Bordeaux	Bordo	[bordo]
Bratislava	Bratislava	[bratislava]
Brussel	Brüksel	[bryksel]
Caïro	Kahire	[kahire]
Calcutta	Kalküta	[kalkyta]
Chicago	Chicago	[tʃikago]
Dar Es Salaam	Darüsselam	[darysselam]
Delhi	Delhi	[delhi]
Den Haag	Lahey	[lahej]

Dubai	**Dubai**	[dubai]
Dublin	**Dublin**	[dublin]
Düsseldorf	**Düsseldorf**	[dysseldorf]
Florence	**Floransa**	[floransa]
Frankfort	**Frankfurt**	[frankfurt]
Genève	**Cenevre**	[dʒenevre]
Hamburg	**Hamburg**	[hamburg]
Hanoi	**Hanoi**	[hanoj]
Havana	**Havana**	[havana]
Helsinki	**Helsinki**	[helsinki]
Hiroshima	**Hiroşima**	[hiroʃima]
Hongkong	**Hong Kong**	[honkong]
Istanbul	**İstanbul**	[istanbul]
Jeruzalem	**Kudüs**	[kudys]
Kiev	**Kiev**	[kiev]
Kopenhagen	**Kopenhag**	[kopenhag]
Kuala Lumpur	**Kuala Lumpur**	[kuala lumpur]
Lissabon	**Lizbon**	[lizbon]
Londen	**Londra**	[londra]
Los Angeles	**Los Angeles**	[los andʒeles]
Lyon	**Lyon**	[ljon]
Madrid	**Madrid**	[madrid]
Marseille	**Marsilya**	[marsilja]
Mexico-Stad	**Meksiko**	[meksiko]
Miami	**Miami**	[majami]
Montreal	**Montreal**	[montreal]
Moskou	**Moskova**	[moskova]
München	**Münih**	[mynih]
Nairobi	**Nairobi**	[nairobi]
Napels	**Napoli**	[napoli]
New York	**New York**	[nju jork]
Nice	**Nice**	[nis]
Oslo	**Oslo**	[oslo]
Ottawa	**Ottava**	[ottava]
Parijs	**Paris**	[paris]
Peking	**Pekin**	[pekin]
Praag	**Prag**	[prag]
Rio de Janeiro	**Rio de Janeiro**	[rio de ʒanejro]
Rome	**Roma**	[roma]
Seoel	**Seul**	[seul]
Singapore	**Singapur**	[singapur]
Sint-Petersburg	**Saint Petersburg**	[sant peterburg]
Sjanghai	**Şanghay**	[ʃanghaj]
Stockholm	**Stokholm**	[stokholm]
Sydney	**Sydney**	[sidnej]
Taipei	**Taipei**	[tajpej]
Tokio	**Tokyo**	[tokjo]
Toronto	**Toronto**	[toronto]

Venetië	**Venedik**	[venedik]
Warschau	**Varşova**	[varʃova]
Washington	**Washington**	[vaʃington]
Wenen	**Viyana**	[vijana]

www.ingramcontent.com/pod-product-compliance
Lightning Source LLC
Chambersburg PA
CBHW070559050426
42450CB00011B/2909